死んでも
忘れられない話

A story I'll never forget,
even if I die.

オテンキのり・著

目次

第1章

第2章

第3章

第4章

第1章

section 1

Episode.1

What a surprise!
「お父さんが家を出て行った話」の巻

ほら、私って中学1年の誕生日に、両親が離婚したじゃないですか？

今回は誕生日サプライズの最先端をいっていた、ウチの父親が荷物をまとめて出て行った時の話。

授業中、先生から呼び出され「ヨシノリ、お父さんから電話があって、今から帰ってくるようにって」

と言われた。


まだケータイもポケベルすらない1990年初頭である。

呼び出された理由は知っていた。

家を出て行く父親の荷物をまとめる手伝いだった。

授業中の途中退場はちょっと緊張したがヘラヘラしながら「じゃあ」と出てきた。

自転車で家へ帰る私が口ずさむのは大事MANブラザーズバンドの『それが大事』。

大ヒットした曲だ。

負けない事
投げ出さない事
逃げ出さない事
信じ抜く事
駄目になりそうな時それが一番大事♪

「結局どれが1番大事なんだよ！」と言いながらも、単純素朴で真っ直ぐな歌詞が、ヨシノリ少年の心に入ってきた。

父親より自分が早く着いた。

気を利かして先に荷物をまとめてあげようかと思ったが、なんか早く出ていけ感というか、出て行くのを喜んでるように思われそうで、何もせずに待っていた。


父親がいなくなる……。

そりゃ、怒ればメチャクチャ怖くて、何度ぶっ飛ばされたかわからない。

それに酒癖は悪いし、超スケベだし、悪いところをあげればきりはないけど、良いところもある……。

まぁ、すぐ出てこないけど。

お世辞にもウチは、家族円満とは言えないが、だからと言って形が崩れるというのはやはり悲しい。

両親はよくケンカしていた。

ケンカはしてほしくなかったし、何より止めることの出来ない自分も嫌だった。

だから「ケンカがなくなるなら良いのかもな？」と思っている自分もいた。

「早かったな」

少し、申し訳なさそうな素振りをみせながら、父親が帰ってきた。

しばらく黙々と荷造りをしていたが、出て行く父親の荷造りは、はかどらない。

きっと「出て行く父親の荷造りあるある」にも入るだろう。


すると父親が口を開いた。

「婆さんが死んだら帰ってくるよ」

伝え忘れていたが、父親は義理母、つまり私にとってのおばあちゃんとも仲が悪い。

頼もしいぐらいに我が道を行くのである。

父親はいわゆる「マスオさん」状態で義理の祖母も一緒に暮らしていた。

今思い返しても仲が悪かった。決して混じり合わない2人だった。


ミネラルウォーターとごま油のような関係だ。

水と油でいいんだけど、少し愛着を込めてみた。

それぞれに言い分はあるだろうけど「婆さん死んだら帰ってくるよ」と言われて「わかった！ 楽しみに待ってる～♡」とは言えない。

私は人生で1番小さい「うん」を言った。

今回の家出は「お父さんVSおばあちゃん」のケンカが発端であったが、毎度のケンカなので原因は覚えていない。

きっと父親は僕に味方になってもらいたかったのだろう。

父親もストレスと酒の飲み過ぎで、高血圧で何度も倒れて救急車で運ばれていた。

このままではダメかもしれない。

いや、きっとダメダメだ……。

僕「お父さん、これからどこに行くの?」

父「……しばらく会社の人にお世話になる」

僕「お父さん、ここにいたら死んじゃうよ、出て行った方が良いよ」

「北の国から」を彷彿させるような会話だ。

中1の僕には、かなり背伸びした言葉を言ったつもりだった。でも、本心だった。

後に、その言葉が離婚の決め手だったと父親は言った。

少し責任を感じるが、俺のせいにするとは相変わらずひどい父親だ。

「ありがとな、お前のことだけが気がかりで、お父さんはヨシノリが1番大事だから」

父親の目は少し赤くなっていた。

みんながハッピーになることは難しい。

この決断は、みんなが幸せに近づこうとした結果なのかもしれない。


父親は家から離れているところに車を駐めていた。

荷物を駐車場まで運ぼうとしたら、「寂しくなるから来なくて良い」と言われた。

父親の荷物は思っていたより少なく、もしかしたら「すぐに帰ってくるかも」と淡い期待を持たせた。

玄関でまた父親とおばあちゃんがケンカを始めた。

最初は、おばあちゃんが止めた感じだったが、最後は、互いにとんでもない言葉で別れを告げていた。

最後まで「ドクターリセラの水素水」と「アマニ油」だ。

ちょっと高級感を出してみた。


僕はといえば、泣いていた。

父親の玄関を出て行く時の寂しそうな背中。

途中、立ち止まったが振り返らず、また歩き始めた。


自分でも、よくわからない感情だった。

きっと冷静に考えれば言い表せられるのだろうが昂っていた。

決して気持ちの良くない、追い詰められるような昂りだった。

涙が止まらなかった。
気がついたら駐車場まで走っていた。
もう会えないかもしれない。とにかく急いだ。
父親の車はまだあった。
「お父さん!!」
身体中がドクドクと脈を打っていた。
それとは逆に車のエンジン音がゆっくり聞こえる。
窓が開き、そこから「チャゲ&飛鳥」が流れてきた。
父「どうした?」
僕「お父さん、あの……」
言葉が見つからない。
「息子さん?」
緊張感のないカタコトの日本語が聞こえた。

声の主は、助手席のフィリピン人の女性だった。
フィリピン人の女性⁉︎!!

感情が追いつかない。
女性は目を大きく開け会釈してきた。
(愛想の良い人だなぁ〜)
いやいや。
僕「お、お父さん、誰?」
お父さんは情けないような逞しい声で
父「か、会社の人……」
女性は明るく手を振り「よろしくね〜♪」

僕「…………」
父「…………」
父「じゃ、元気でな」
僕「……うん」

「ププ～♪」と友達同士の別れ際の軽いクラクションを鳴らし父は去っていった。

やはり、1番大事はいっぱいある。

Episode.2

「ヨシノリ少年と父親の秘密の部屋」の巻（前編）

エッチな本との出会いは小学1年生の時だった。


その日は私の家で同級生の幼馴染、T君と「忍者ごっこ」をしていた。

トイレットペーパーを「秘伝の巻物」のようにしたり、「孫の手」を背中に入れて刀のようにしたり、ベッドからとびはねたり押し入れに隠れたりと可愛いらしい遊びだ。


ただ、遊んでいた場所は出入りを禁じられている「父親の部屋」だった。


大きなタンスの上の手の届かない場所に雑誌が置かれていた。

明らかに不自然な場所だった。

「忍者」になりきっていたこともあってか、それが「秘密のなにか?」であることはわかった。


2人で力を合わせて手に入れた秘伝の書は「エロトピア」だった。

「エロトピア」とは成人向け漫画雑誌。

表紙からカラー写真の女性の裸のページが5、6枚あり、その後に読み切りのエロ漫画が始まる。

知らない女性の裸を見たのはその時が初めてだった。

まるで「金縛りの術」にかかったように身体が動かない。

全身が「ズドーン」と重くなってくる。

それは悪いことをしている「ごめんなさい」な気分が身体を覆い背中と胸を引っ張る。

きっと背徳感だろう。

私が屋敷しもべ妖精だったらきっと「のりーは悪い子」と言って頭をガンガンそこら中にぶつけていただろう。

「見てはいけない物を見ている」率直にそう感じた。

それと「ごめんなさい」の気分の中には、この女性達は「ウチの父親のせいでこんなカッコをさせられている」という気持ちも入っていた。


だが、それと同時に胸にドンドンくる鼓動があった!

「ノーハンド・パッション屋良」状態!!!

細い目が見開いてるのが自分でもわかった。


その時、「T君が動いた!」

写真をベロベロ舐め始めた!

「えっ⁈!!」

T君どういうこと？

写真舐めるって何？

T君の「変幻の術」に驚いた。


きっと、おとなしく落ち着いてる静かな「静」と、激しく動く「動」の相反する性質、両者の対比が極限状態によりT君は心のバランスを乱したのだろう。


いや、違う……。

T君は手慣れている様子だった。

あとウチの父親の本ということを忘れている？

お構いなしに愛でまくっていた。


「はい！」

T君がさも当たり前のように本を渡してきた。

私にもやれというのか⁈

今になって、それは「T君独自のオフィシャルな遊び方」というのはわかるが、T君は私より7ヶ月生まれが早い。小学1年の7ヶ月の差は色々と説得力が違う。
「そうやって遊ぶものなのか〜。T君はなんでも知ってるなぁ」とさえ思った。

だが抵抗はある。いや、抵抗しかない。
それに父親の大事にしている女性をT君に汚された気さえもした。
間接プチNTRだ。
私の感受性は色々おかしくなっていた。

だが、T君の真っ直ぐな瞳が断ることを許さない。
私はT君と目を合わせずに小さく首を縦に振った。
T君に恥はかかせられない。

フィンガーボウルの話を知っているだろうか?
ヴィクトリア女王は外国の客人を呼び、晩餐会を開催。
南アフリカの大統領はフィンガーボウルの使い方を知らずに水を飲み干した。
ヴィクトリア女王は大統領に恥をかかせまいと自らもボウルの水を飲み干した。

今ならヴィクトリア女王の気持ちがわかる。
郷に入れば郷に従えだ！
いや、オレの家だし父親の本なのだが……。
「エロトピア」は充分な湿り気を帯び再びタンスの上に戻された。

Episode.3

「ヨシノリ少年と父親の秘密の部屋」の巻（後編）

初めてエッチなビデオを見た時の話。


小学6年生の時、同級生5人で集まり「うちの父親の秘密の部屋」から父親の秘宝を持ち出した。

きっとハリーに「スリザリンの継承者でしょ?」と伺われてもしょうがないくらい、私は秘密の部屋を頻繁に開いていた。


「エッチなビデオ」

この世の全ては、その中にあると思っていた。

みんなでお小遣いを出し合ってお菓子やジュースを買い、遠足さながらだった。

そう、僕らの行き先は「大人」だ!

期待と股間をやや膨らませビデオの再生を押した。


縄で縛られ吊るされている女性が登場!

SMものだった……。


小学生の僕らは、まだ英語を習ってない。

いや、そんな問題ではない。

父親の趣味嗜好に文句はないが、僕らは階段の一段目で大きくつまずいたのは確かだった。

何も知らない僕らに大人の世界は生優しくなかった。

(後に「特殊な大人」ということを知った)

「いったい、この人達は何をしているんだ?」

「大人になると、あんなことをしないといけないのか?」

「苦しんでるのか? 喜んでるのか?」

「怖い……」

僕らは敗北した。

賢者の石くらい硬くなると思っていた僕らの「元気印」は、ロックハート先生の魔法をかけられたロンの手のようにグニャグニャだった。

ついさっきまで、駄菓子屋でエッチなワードを言い合っていたのが懐かしい……。

『おれ達は…… 早過ぎたんだ』

「ゴールドロジャー」の気持ちがわかる。

もっとゆっくりで良かった。

ただ1人を除いて……。

T君は凛としていた。

「殿様に何か命じられたのか?」というくらい引き締まった表情で刮目していた。

しかもT君は身を潜めるタイプだ。

みんなが「オェ～」なんて声を漏らすと一緒に「オェ～」なんて言っているが、終始「ギンギン」だった。隠密だが身を潜めきれてはいなかった。

私はT君が画面をペロペロ舐め出すのではないかと、ちょっと不安だったが、流石にそれはしなかった。

インパクトが強過ぎたせいで作品のストーリーは今でも覚えている。


今の彼氏(今カレ)とSMをしているところから急に始まった。

ところが、元の彼氏(元カレ)が忘れられない彼女は、SMをされに元カレのところに行く。

揺れ動く女心……。

そして彼女は決心し、今カレに別れを告げに行く。

何故か服の下はロープで縛られていた。

今カレは怒り彼女を引っ叩く。

彼女は「ありがとう」と礼を言う。

今カレは笑顔で何故か「ギンギン」。

それを遠くから見ている元カレは悔しそうに何故か「ギンギン」。

そんな内容だった気がする。

やかましわ!!

どんだけ複雑な人間模様だ。小学生には難解だ。いや今、見てもだろう。
最後は、元カレと抱き合い、
男「大事にするから」
女「うん」
から、また縛られ吊るされていた。
ツッコミどころ満載だ。
僕らは「間違った大人の階段を上ったのかもしれない」

いや、そもそも「正しい大人の階段なんて物はあるのか……?」

大人の階段と呼ばれるものは幾つも存在し、自発的・受動的関係なく上ったとして、それを何段目まで進もうが、途中引き返そうが、導き出した答はみんな違うはず。
ならば間違った階段は「ある」とも「ない」とも言えるはず。

つまり、私は何を言っているのだ?

ちょっと富樫義博先生に影響されて難しい言い方にしたら意味がわからなくなった。


そんなことより、もう1つ忘れられないことがある。

作品の中で中島みゆきさんの「狼になりたい」が流れていたのが印象的だった。

その時「中島みゆき」さんも「狼になりたい」も知らなかったが、後に自分がラジオの生放送をしている時にこの曲が流れて知った。

衝撃だった。

尾田栄一郎先生もビックリの伏線回収だ。

一緒にするな!

もちろん、生放送中にこの曲の思い出は話さなかったが、名曲と思い出は色褪せない。

懐かしい友達に会ったような気がした。

それもそのはず、驚いたことに「狼になりたい」がリリースされたのは1979年。

私が生まれたのも1979年。同級生だった! これはシンパシーを感じずにはいられない。なんと不思議な巡り合わせ。いや「奇しき因縁」とでも言うべきか。

まさに「なぜめぐり逢うのかを、私たちはなにも知らない」状態。

名曲「糸」もビックリだ！

すいません。話を戻します。


帰り際、T君は私にだけ「俺、もっとスケベなの見たことある」と一言残して帰っていった。

それはT君の本心なのか？　虚勢だったのか？

しかし、その言葉は夕日と一緒に沈んでいった。


その日の夕飯、家族でご飯を食べてる時に事件は起きた。


大好きな唐揚げでご機嫌な私は、ご飯のおかわりを待っている時、無意識に「狼に～なりた～い♪」と口ずさんでしまった！　世にも珍しい「1人誘導尋問」に引っかかった。

「なんでそんな歌知ってんの？」

と母は笑いながら言った。

「ドキッ!!!」

心臓が飛び出るかと思った！

恐らくジム・キャリー主演「マスク」みたいになっていたと思う。

目玉と心臓がビョーンだ。
「えへへ、なんでだろう?」と笑ってみせたが、上手に笑えない。
ビールを飲んでいた父親のグラスが一瞬止まったように見えた。

咄嗟に「T君が歌ってた」とだけ言った。
父親は何も言わない。
上手く切り抜けられたのだろうか?
それはわからない。

ただ、秘密の部屋のビデオの隠し場所が変わっていた。

Episode.4

「うちのパパはドジっ子!?」の巻

6月の第3日曜日。

今年の「父の日」が終わった。

だからと言うわけじゃないが、今回は父親の忘れられない話。


「父親は怖い」は、もう一昔前の言葉になってしまった。

令和の現在には、絶滅の危機に瀕している状態だ。

いや、どちらかというと「危機」ではなく「幸甚」なのだろう。

私の育った昭和は、人の家の子も平気で引っ叩く怖いおじさん「怖おじ」が2019年頃のタピオカ屋ぐらい軒並み連ねていた。

何処もかしこも、怖おじだらけだった。

それだけ近所の人達の距離が近かった。

現代は「輪」より「個」を重んじる時代で「怖おじ」のニーズはなくなった。

いや、元々ニーズがあったかも疑問だが、ただ「良い時代だった」という人もいるので、まぁ良し悪しあるのだろう。

しかしサザエさんに登場する厳格な父「波平さん」も現在は丸くなってきたように思える。

時代は変わったのだと感じた。

私の父親も時代にもれることなく怖い人だった。

怒ると同時に手が出るタイプだ。

「怒れば誰だって怖いよ」って言う人がいるが父親は規格外だった。

現に、子どもながらに他所の父親と比べて一味違うと思っていた。

夜中に襲ってきた歯の痛みにブチ切れた父親は、「クソが!!」と言い放ちペンチを持って「ウギギギギィー」と自らの歯を引っこ抜いた。

常軌を逸している。

何が凄いって、抜く歯を間違えてたことだ。

ドジっ子でしょ?

一味違うでしょ?

ウチの父親は不思議なことに近所の人にも「息子を怒ってほしい」と頼まれていた。

たしかに説教はうまかった気がするが、それは父親がシラフの時に限りだ。

お酒が入ると破壊力が爆上がりし、家の中がアーロンパークが落ちた時のようにボロボロになる。

小学生の頃、私が夜中まで宿題をやっていた時に泥酔した父親が帰ってきた。

「こんな時間まで偉いな」などと褒めることはなく「いつまで勉強してやがる！　バカが勉強したってしょうがねぇだろ。早く寝やがれ」と大暴れした。

止めに来た兄とも大喧嘩。やっていた宿題もビリビリに破れ、オモチャやゲームも破壊された。

怒ると手がつけられない。

まったくもってひどい話だが、「慣れ」とは恐ろしいもので、それが「当たり前」とまでは言わないが「またか」というぐらいになっていた。

しかし、その時は父親も反省したのか、朝になると
「宿題のこと（ビリビリに破いたこと）は、先生に連絡しておく」と言った。

ただ学校に連絡が来たのは昼過ぎで、宿題をやっていないことを先生にしこたま怒られた後だった。

本当にドジっ子だ♪


ドジっ子エピソードはまだある。


祖父が亡くなった年の地元のお祭りの時。

子ども達はお祭りに参加させてあげようと、両親だけが「喪に服す」ことになった。

「ハメを外しちゃだめよ」と母親。

「悪さをするなよ」と父親。

「はーい」と背中で返事をし、遠くに聞こえる祭囃子に向かって走っていった。

その数時間後、泥酔以上の泥酔をした母が山車（だし）の上でひょっとこ踊りをしていた。

クラスメイトの女の子に「ヨシノリ君のお母さん面白いね」と言われた。

更にお祭りの終盤、居酒屋の前を通ると人だかりが出来ていた。

見ると父親が、これまた怖そうなおじさんと取っ組み合いのケンカをして、お祭りのメインイベントを飾っていた。

クラスメイトの女の子に「ヨシノリ君のお父さん凄いね」と言われた。

夫婦で見事なまでに自分で言ったことの伏線回収をした。

もはやドジっ子ではすまない。


しかしまだまだある。

小学6年生の夏休み、朝早くに近所の神社で行われるラジオ体操を私はサボっていた。

それを祖母が父親にチクリ、また私は怒られた。

（普段、祖母と父親は仲が悪いのに、こういう時は連携をとる）

父親から「愛の拳骨」と「ラジオ体操の大切さ」を教えられた。

後に偉そうに言っていた父親が「酒の飲み過ぎ」「高血圧」「不摂生」「運動不足」などが原因で「大病のスタンプラリー」をするはめになるとは思っていなかっただろう。

父親が怖いので、次の日から早起きをしてラジオ体操に向かう。

新しい朝が来た♪　希望の朝だ〜♪

元気なBGMが流れる。

寝惚け眼でパジャマのまま来ている子、泣きながら来ている子もいた。

何故そこまでして通うのかはわからないが、行けば友達もいるしそれなりに楽しかった。

ドジっ子の遺伝子を持つ私は、ラジオ体操に参加するとハンコを押してくれるカードを忘れた。

ハンコ係の女の子は、わざわざうちに寄ってくれてハンコを押してくれるという。なんて優しい子だ。

体操のおかげか、その子のおかげか、朝から清々しい気持ちだった。


家に着いた。

……何か様子がおかしい？　その時、目を疑う景色が飛び込んできた。

両親が朝からおっぱじめていた。素晴らしい朝が来たのは両親にだった。

朝から!?　これが本当の朝活?!

言ってる場合か！

だから私をラジオ体操に行かせたのか?

ウチの両親は朝派だったのか?!

何故今なんだ！

一緒に来てくれたクラスメイトの女の子は「ヨシノリ君の両親は朝からエッチだね」とは言ってくれなかった。

無言でハンコを押し帰っていった。

見てはいけない気持ちと、邪魔をしてはいけない気持ちで、私はもう1度、神社に戻った。

やることがないから、縁もゆかりもない人の墓を見たりして時間を潰した。

お腹も減ってきて、このままいるとお供え物に手を伸ばしてしまいそうなので、恐る恐る家に帰ると清々しい両親の「おかえり」という言葉が私を迎えた。

やかましいわ！


それから、ラジオ体操の後すぐ帰ることを恐れた私は、体力づくりと称し小学校までのマラソンをみんなに提案した。マラソンは、誰からも疑われることなく承諾された。

Episode.5

「霊の声が聴ける電話番号」の巻

小学3年生の時、友達が「霊の声が聞ける」という電話番号を手に入れた。(雑誌の付録)
ケータイのない時代、友達4人で、各々家の電話でかけて次の日にみんなで内容を確認する「度胸試し」をすることになった。
それぞれ番号をメモし家に帰った。

私は家に帰るなり、恐る恐るその番号に電話をかけた。
プルルル、プルルル、ガチャ。
繋がった。
すると、男性の声で
「ゔーゔ、うう、ゔー」という唸り声が聞こえた!
私は気味悪さにすぐ電話を切ってしまった。
心臓がバクバクした。
「呪われてしまうかも」と恐怖と後悔しかなかった。
「ごめんなさい、ごめんなさい」と電話に向かって謝った。

次の日の学校で「電話した?」と話題になった。
友達4人の話してる内容にビックリした。

私以外の全員曰く、怖そうなBGMが流れ、女性が「先生や親の言う事を聞かないと黄泉の国に連れて行く」という内容だった。

(えっ?)

私と全然違う!

私はどこに電話をかけてしまったのだ?

本当に幽霊と電話が繋がってしまったのか?

一体、あのうめき声は?!

自分の体験した話を友達に話した。

怖がってるヤツもいたが、信じてないヤツもいた。

結果、もう一度かけてみようとなった。

私の家に集合した友達の前で、机の引き出しから霊の電話番号を出した。

電話をかけた。

私は受話器を持ちながら目を瞑る。みんなも緊張しているのが息遣いでわかった。

受話器に耳を近づける。

プルルル、プルルル、ガチャ。繋がった。

「ゔーゔう、うう、ゔゔーう……」

その場にいる全員が、瞬きもせずに黙って聞いている。

「ゔー、ゔん、うん、もしもし川名です。」

喉がいがらんでるおじいちゃんだった！

痰が絡んで「ゔーう」と唸っていた川名さんだった。

私が番号のメモを間違えていただけだった。

川名さん、間違い電話を二度に渡り、ご迷惑をお掛けしました。

Episode.6

「貴花田光司は何故オテンキのりを投げとばしたのか」の巻

1991年の春。時は若貴ブーム真っ只中だった。

小学6年生の私は、貴花田光司（後の65代横綱貴乃花光司）と対峙していた。

待ったなしの大一番。


小学6年生の時、地域の小学生を集めた「ちびっ子相撲大会」が開催された。

ゲストは、藤島部屋の方々。その中に、若貴兄弟もいた。

各小学校の代表3名による団体戦で私の小学校は優勝した。

もちろん私オテンキのり（後に空手と柔道で千葉県を制す男）も出場し、私は他を寄せ付けない全勝でチームの勝利に貢献した。


私の目には貴花田しか映っていない。

老若男女を虜にし、もはやアイドル顔負けの人気者。

私は昔からモテるヤツが大嫌いだった。

「来い、貴花田！　ぶっ飛ばしてやる」

私の中の「鬼」がそう叫んでいた。

私の想いが伝わったのか、急遽、優勝チームと貴花田が3対1で対戦することになった。

「ふっ、そうこなくっちゃ」

私はいやらしい笑みを浮かべた。

野性か本能か、貴花田も私をここで倒しておかねばいけない相手だと感じたのだろう。言葉はない。いや、言葉などはいらない。互いの想いは言葉にすることが出来ない。それは、強者だけが感じることが出来る「何か」が2人の雄を刺激していた。


歳の差は7歳。

生まれも育ちも違う2人。

しかし、私が初めて好きになった芸能人は宮沢りえ。

後に写真集『Santa Fe』も購入するし、化粧品のパンフレットに写っていたら持って帰り、部屋の机にしまっていた。時期こそ違うが、同じ女性を愛した者同士。

戦う運命だったのかもしれない……。


「のり、戦う理由なんて必要か？」

「そうだな光司。どっちが強いのか、それだけで充分だ」

「確かに」

「でも、もし違う出会い方をしていれば、俺たちは戦うことはなかったかな？」

「……」

「おっと、野暮な質問だった」

「いくぜ強敵（友よ）」

心の中でいくつもの言葉を交わした気がする。

怖い妄想である。

土俵での佇まい。貴花田の所作の美しさに目を奪われた観客と私。静けさが土俵を包んだ。

行司の「時間いっぱい待ったなし」が会場に響いた。

「はっけよい、のこった」


一斉にチームメイト2人が正面からぶつかって行った。

簡単に受け止める貴花田。

私は一瞬の隙をつき、貴花田の後ろに回った。

チャンス!!「もらった」

おもむろに貴花田のお尻をペシペシ叩いた。

会場に笑いが起きる。

私は根っからのお調子者だった。

（今、思えば相撲への冒涜でした。本当に申し訳ありません）

しかし相手が悪かった。

ガチンコ相撲を貫き通す男。

しかもまだ19歳。イケイケのバリバリの貴花田光司が舐めたガキを許す訳ない。

後ろに手を回し、私のまわしを掴み、片手で持ち上げ、投げ飛ばされた!

私は何もすることが出来ず、頭からマットに突き刺さった。

パリオリンピックの陸上女子やり投げ金メダル北口選手の投げた槍のように刺さった。

「お〜」と会場がどよめき、拍手が鳴り響いた。


「こ、こいつは……この人は本物だ」

首の痛みは餞別としてもらった。

やはり、私の目は確かであった。

その1ヶ月後の5月場所で、あの大横綱「千代の富士」を倒した大一番が繰り広げられた。

千代の富士の引退会見を見ながら、私は治った首に手をやり頷いた。

歴史に残る一戦、今でも語り継がれる名勝負である。

悲しいかな、私との一戦は歴史に残ることも、語り継がれることもなかった。

当たり前だ!

それから10数年後、東京の繁華街でバッタリお会いした。

運命はまた動き始める……。

その話はまた今度。

第一章〈完〉

二章へ続く

Episode.7

「呪われし巨乳の一族」の巻

小学校4年生の時、父親と一緒にお風呂に入っていた。

父親は湯船に浸かり、私は洗い場で頭を洗っていた。すると父親が「お前のオッパイ、お母さんそっくりだな！　ガハハハハ」と言ってきた。

な、なんてデリカシーのない父親だ。

父「トミエ〜、おいトミエ〜」

わざわざ風呂場に母を呼ぶ。

母「なに？」

父「見てみろ！　ヨシノリのオッパイお前にそっくりだ！」

母「なにバカなこと言ってんの！」

そうだ母よ、バカな父親を叱ってやってくれ！

私のオッパイを見た母は「あら、本当だ」。

やかましい！

なに本人公認くれてんだ。

みなさんも経験あると思うが「お母さんのオッパイにそっくり」って言われると、凄く恥ずかしい。

（経験ねーよ）

父「でも、ヨシノリ。チンチンはお父さん似だから安心しろ」と頭を撫でられた。

後に、それほどたいした物を受け継いでないことを知る。

Episode.8

「『KT』をいじり過ぎて腫れる」の巻

小学生の時、空前の「キンタマブーム」が起こった。（KTってキンタマのことだったんかい！）

ブームと言っても「タピオカ」や「鬼滅の刃」みたいな社会現象ではなく、もちろんマイブームです。

（当たり前だ！）

小学生の時って安心感を得ようとして、「KT」を触ってしまうじゃないですか？（お前だけだ！）


その日も、何の気なしに「KT」を手に乗せたんです。

「手乗り文鳥」ならぬ「手乗りKT」。スキンシップをはかった。

（親密度や帰属意識を高めようとするなよ）

「KT」が意思を持っているかのように親指と人差し指の間からすり抜けた。

「捕まえればすり抜け、また捕まえては逃げられ」

ルパンと銭形の関係だ。その釈然としない収まりの悪さが好奇心と探究心に火を付けた。誤解のないように言っておくが、性的欲求を満たす行為ではない。ただ楽しくて「遊んでいただけ」なんです。

（別に名誉回復にはならない）

朝起きたら「KT」が鬼腫れていた！『NARUTO -ナルト-』に出てくる「ガマブン太」みたいになっていた。どんな「口寄せの術」だ。いや、そんな冗談を言ってる場合じゃない。

熱と痛みに襲われている。台所で朝ごはんの準備をしている母の元へ向かう。歩いている姿は、まるで「リフティング」をしているようだ。翼くんもビックリだ。冗談を言ってる場合じゃない。

「お母さん、KTが痛い。熱もあるみたい」

お母さんは驚いた。そりゃそうだろう。過程を知らないから。いや、過程を知っていても驚くだろう。事の成り行きを丁寧に説明すると、母は大きなため息をついた。何科に受診すれば良いかわからないので総合病院に向かった。内気な私は、お医者さんを前に事情を話せない。まさに「TOO SHY SHY BOY！」

作詞・作曲は小室哲哉、確かにKTだけれども。

（やかましい！）

代わりにお母さんが説明してくれた。

「え～大事なところで遊んでしまったらしく……え～腫れてしまったと言ってるんですが……」と眉間にシワを寄せ、頭をかしげながら、独特の間で話す仕草は、後の大人気ドラマ『古畑任三郎』みたいだった。

学校に連絡するのを忘れていたお母さんは電話をかけた。

「〇〇先生ですか？　ヨシノリの母です。連絡遅くなりましてすいません。え～あの大事なところ、あの～KTで遊んで、え～KTが炎症を起こして、腫れてしまって熱が出たので、今日は休ませて頂きます」と伝えた。

お母さん本当にごめんなさい。

こんなご迷惑をお掛けした立場で言うのもまことに恐縮ですが、学校には「熱が出たので休みます」で良かったのでは……？

Episode.9

「母とボクと、時々、知らないおじさん」の巻

両親が離婚という進路を選択し中学生の私の生活にも少しずつ変化が訪れる。

上京していた5つ上の次男「きみくん」が、私を心配して仕事を辞めて実家に帰って来たこと。

そして、やたらと人に心配されることが増えたこと。


心配してもらえることはありがたいが、多感な時期だったこともあり素直に喜べなかった。

近所の人に心配をされても「あっ、はい、へへへ」とヘラヘラとやり過ごしていた。

「何かあれば言えよ」とか「困ったことがあれば言ってね」と言われるが「何かってなんだ?」「困ったことの範囲はどこまでなんだろう?」と逆に私を悩ませた。

そんな時は「同じクラスの○○ちゃんのオッパイがデカい」とか、「宮沢りえが可愛過ぎて困りますね～」などと、はぐらかす。

「そうじゃないよ。もっと離婚して困っている系のやつ」みたいな顔をしてくるが、そんなことはもちろんわかっている。


あと1番厄介なのが「大丈夫か?」だった。

「大丈夫です」と言うしかない。

「いや、やっぱりお父さんがいないと寂しいです」と言ったところで「大変だなぁ、頑張れよ」となる。

なんじゃそりゃ!

悩みや相談は、その人の解決力レベルに合わせてあげないといけないことを知った。

結果、ヘラヘラしてるに限る。

「せっかく人様が心配してくれてるのに失礼なヤツだ」と思うかもしれないが、後にバチが当たり実家が全焼しますのでご勘弁を♪

ふっ、ハードな自虐だ！


きみくんは気軽に心配してくる人間に怒鳴り散らしていた。

「テメーに心配される覚えはねぇ」

「口だけの心配ならいらねえよ」

「そんなに心配なら口だけじゃなくて金持って来い」

『家なき子』の安達祐実もビックリだ！

(ちなみに実家の火事は近所の怒鳴り散らされた方の放火じゃないです。祖母の天ぷらの油の不始末です。また別の機会に)

逞しい兄である。

言葉だけ聞くと『北斗の拳』の敵みたいに聞こえるが、兄の気持ちもわかる。

確かに上っ面の心配は迷惑でしかない。

しかし、私はこれを好機と捉えた。

「そうだ！　甘えよう」

流石、三男坊の末っ子だ！

勉強が苦手な私は、嫌いな教科の授業になると、ちょっと落ち込んでる素振りをみせ、「胸が苦しい」などとふざけたことを抜かし保健室に行ったり、学校を早退したりした。

家に帰ってはゲーム三昧、マンガ読み三昧だった。

それはそれは最高だった。

更に私を心配して実家に帰って来たはずの兄が、1年間無職のまま遊びほうけていた。

むしろ私が心配した。

そんな遊び相手もいて学校も休むようになっていた。

自分の名誉の為に言わせてもらうが、学校は休んでも部活（柔道）には行っていた。

（なんの名誉かわからないが。あと兄の名誉の為に、後に結婚して五人の子どもに恵まれ実家で母の面倒をみながら、しっかり働いています）

さて、学校に行かず、好きなことしかしてない「動画を配信してないゆたぼん状態」。

（お金を稼いでいる分、ゆたぼんはえらい）

母は本当に心配していた。

そりゃ、心配のタネが同時に2人！

『SLAM DUNK』の安西先生が頭をクシャってする名シーンみたいにはならない。

私にいたっては、落ち込んでいる嘘の姿しか母にみせていない。

本当にひどいやつだ。


学校をサボりたいだけの安易で幼稚な手段で、どれだけ母に心配をかけたことか。

今、自分が親になって改めて申し訳ない気持ちでスケールのだいぶ小さい『かりゆし58』の『アンマー』の気分です。

ある日、「ヨシノリ、スキーに行こうか？」母からの誘い。

中学生で母と2人でのスキー旅行はちょっと恥ずかしかったが、母のしつこさに負け行くことにした。

きっと嘘をつき、学校を休んでいた母への罪悪感もあったと思う。

親子2人での水入らずの2泊3日のスキー旅行だった。

（たしか、きみくんはこの時、一瞬働き始めた時期だった。私の記憶では3ヶ月くらいで辞めたと思う。なので来なかった。もしくは酔っ払って転んでケガをしていた時だったか。まっ、そんな感じだ）

出発の日、母は楽しそうだった。そんな母を見ていて、私も嬉しかった。

行き先は会津若松。千葉の鴨川からだと随分遠い。

そう言えばどうやって行くのだろう？　母はそんな長距離運転出来るのだろうか？


「お待たせ」

男の声が聞こえた。

振り返れば知らないおじさんがいる。

『振り返れば奴がいる』みたいな言い方をしたが（1993年放送の織田裕二主演ドラマ）、突然現れた謎の知らないおじさん！

織田裕二もビックリだ！

母「一緒に行くお母さんの友達の○○さん」

おじさん「えーと、ヨシノリくんだよね？　よろしく」

あまりの驚きに視界が白くなる。

スキー場に着く前から『ホワイトアウト』状態。

（2000年公開の映画、織田裕二主演）

これまた織田裕二もビックリだ。


母よ、前もって言うべきだろう。

結構デリケートな問題よ!?

いや、前もって言われれば、スキーには行かなかったかもしれない。

隠しているようだったが、2人の雰囲気や会話の距離感で、ただの友達ではないのはわかった。

私は竈門炭治郎ばりに鼻が利く。

母の濃いめのピンクのスキーウェアと、おっさんの薄髪おでこにサングラスが余計に私を苛立たせた。

そう、私はまだ中学生。多感な時期だ。


私は心のどこかで「なんだかんだ言っても、父は帰ってくる」と思っていた。

しかし、帰って来ないことが現実味を帯びてきた気がした。

それに母までいなくなってしまうような、そんな気がしたのかもしれない。


今では考えられない。

今ならきっと母に「のし」を付けて、裏に返品不可と書いてこのおじさんに渡すだろう。

なんなら3万円くらい付けても良い。

「じゃ、そろそろレッツゴーしましょうか♪」

陽気な母の掛け声が悲惨な旅の始まりを告げた。

移動中は寝ていた。起きては、寝たふりしたりと旅を「逆満喫」していた。ケータイもない地獄の時間だ。ドナドナの気持ちが少しわかった気がする。

旅の最中は「話しかけるな」の空気を最大限に出し続けていた。しかし本当に話しかけられないと、それはそれでイライラしたりと、かまちょで困ったさんな私。嫌いじゃない。

この旅の1番の不安は宿だ。

「お部屋キレイかな〜?」とか「ご飯美味しいかな〜?」ではない。

「部屋割りどんなかな〜?」である。


3人一緒の部屋はキツい。

だが、それを車中で聞く勇気はない。

それが私を1番憂鬱にさせていた。

宿に到着。

運命の時は来た!

母「今日からお世話になる予約した齊藤です」
フロント「こちらお部屋の鍵です」
渡されたカギは2つ!!

「ほっ!!」

流石に2部屋とってあった。一安心だ。母と一緒の部屋もキツいが最悪はまぬがれた。

母「夕飯は7時に食べに行くから遅れずにロビーに来なさいよ」と鍵を渡された。

ま、まさかの一人部屋だった！


オイオイ！

母もメチャクチャだった！　メチャクチャ過ぎて清々しい！

スキー場から聞こえてくる松任谷由美さんの『BLIZZARD』とゲレンデ効果も相まってか
2人が原田知世と三上博史に見えてきた。

（1987年公開の映画『私をスキーに連れてって』）


多分、意識が遠のいていたのだろう。

私はその日、熱を出した。

両親の離婚劇は、はぐれメタル何匹分の経験値を私に与えたろうか。

折角、スキーまで連れて行ってもらったが、そのおじさんとは仲良くならなかった。

でも、帰りの高速で、スピード違反で覆面パトカーに捕まっても、「ざまあみろ」とは思わなかった。

長い長い2泊3日の旅の話。

第2章

section 2

Episode.10

「恋なんて……」の巻

高校1年の夏、私は恋をした。

相手は違うクラスの同級生の女の子だった。

私は実家から離れて寮生活をしていて、同じ中学からの友達もいない、知らない人ばかりの中で、唯一話しかけてくれる異性だった。話しかけてくれると言っても、実際には「おはよう」と挨拶を言ってくれるだけだった。

でも、それが凄く嬉しかった。

しかし不思議だった。何故、見ず知らずの私なんかに挨拶をしてくれるんだろう？

そうか、わかった！　私のことが好きなんだ！

（なんでだよ）

告白をした。

（早いよ！）

フラれた。

（当たり前だよ）

しかも、その子は「なんで、そんなこと言うの～」と泣き出してしまった。

泣きたいのはこっちだが、「ごめん」と謝った。

女の子は「私に告白したこと、絶対誰にも言わないでね」と千円渡してきた。

なんで?!　訳がわからなかった。

でも受け取った。

(受け取るなよ!)

『踊る!さんま御殿!!』に出演させてもらった時、この話をさせてもらった。

さんまさんは「もちろん次の日も告白したろ?」と言った。

私は「しないですよ!」と言うと、さんまさんは「もったいない、また千円貰えたのに」と言った。やっぱ流石です!

Episode.11

「恋なんて……2」の巻

高2の秋だった。私は恋をした。相手はいつも昼休み、食堂に向かう途中ですれ違う同学年の違うクラスの女子だった。話したこともないが、いつも目が合い、お互い会釈をする。

となれば、当然「告白」することになる。

(なんでだよ！　早過ぎだろ！)

いつも柔道で真剣勝負をしてきた私にはわかる。あの子の目は私に惚れている。

告白した。

フラれた。

秒殺。

(言わんこっちゃない)

その子が言うには、3日前に彼と別れたとのこと。今は傷が癒えてなく、彼氏を作る気になれないという。でも、私に告白されて凄く嬉しいと言ってくれた。しょうがない。フラれはしたが、彼女の真摯に向き合ってくれる姿勢に改めて素敵な人だと思った。

それから2日後、同じクラスのS君に話しかけられた。

S君「齊藤くん、Eちゃんに告白した?」

私「えっ?!　うん……」

S君「実は俺、昨日Eちゃんに告白したんだ……」

私「えっ？」
そうか、S君も彼女に好意を寄せていたのか。でも、しょうがない。彼女は傷心中で、今は恋愛する気がないから。元気出していこうぜ、同士よ！
S君「付き合うことになった……」
私「えーーー!!!」
このクソ野郎！　何を報告してやがんだ！
S君「Eちゃん、凄く気にしていて……」
そりゃそうだろう。随分と傷の治り早いな！　ベホマ使えるのか！　ひょっとして、私が告白するタイミングが2日ズレていれば付き合えていた？　そんな訳あるかい！
S君「これからもEちゃんと仲良くしてあげてね」
私「もちろん！」
この野郎、お前が柔道部だったら畳に突き刺して、私が涙を拭ったティッシュでお花を作って、それを丁寧に飾り付け、假屋崎省吾さんに「ため息が出るほどの美しさ～」と言わせてやろうか！
私「そっか、おめでとうね。良かったね」
S君「ありがとう」

さーて、どうしてやろうか？　覚悟しろよ！　S君は私の後ろの席だった。

それから私は授業中、姿勢を良くして黒板を見づらくしてやった。
悲しき復讐……完了（涙）。

Episode.12

「パンティ相撲」世紀の誤審の巻

高校時代、我が柔道部に伝統として伝わる「パンティ相撲」というものが存在した。

（現在はどうか知らないが）

冬休み合宿最終日の夜に、埼玉の姉妹校「O高校」と行われる。

「パンティ相撲」

名前だけ聞くと、ふざけたものと思われるかもしれませんが、部の繁栄、無病息災を願って行われる伝統的な由緒正しき祭事。（ウチの柔道部とO高校の柔道部内では）

そして、柔道の神様に「今年一年、無事に柔道をさせて頂きありがとうございました」という感謝を込めて行われる神事ともいえる。（ウチの柔道部とO高校柔道部内では）

「パンティ相撲」を知らない方のために説明すると、一対一の対戦形式。

互いにパンツ一丁の姿で対峙する。

「相手を投げ一本を取る」か、「相手のパンツを破り、大事な部分を出したら（これまた一本ということで）勝ち」で勝敗が決まる。いたってシンプルなルールである。

これも、柔道の神様に「技」と「大事な部分」を披露することで「今年一年、これだけ強くなりました。これだけ大きく成長しました」と感謝を表す行為で……って、

やかましい!!

柔道の神様も大迷惑だ。

神事、祭事と言えば、どうにかなる話ではないのはわかっております。

今だとコンプライアンスやハラスメントと色々あるだろうが、そんなものはなかった時代のお話です。

本当になかったんだからしょうがない。

言うならば、ケータイ電話のない時代は「ない」を当たり前にみんな生活をしていた。

今は「ある」のが当たり前の時代になった。それは大いに結構。

だからって「ある」時代の価値観を「ない」時代に当てはめてはいけない。

「ない」時代は不便だね〜、今はあって良かったね〜ぐらいの感覚で見てほしい。

何故なら30年前、確かにそこに「そんな青春」がそこに存在したのだ。


「パンティ相撲」の起源は知らないが、10歳年上のコーチの時代にもやっていたらしい。

更に、「パンティ相撲で活躍をした人は柔道の大会で好成績を残す」というジンクスもあった。現に私の1つ上の先輩はパンティ相撲で活躍をした後にインターハイ3位やベスト8になっていた。

恐ろしいジンクス。

なにより、勝てばOBからお小遣いも貰えた。言うならば懸賞金だ。

みんな「パンティ相撲」に燃えていた。

それに、ウチの部は連覇がかかっていた。

たかが「パンティ相撲」。
されど「パンティ相撲」。

勝負は5対5の団体戦で行われた。
やったことのない人の為に、またまた説明するが、柔道の強さとはまた違う。
「投げ」での勝利を狙うか、「破り」での勝利を狙うかで戦い方が変わる。
柔道家としてのクセで、良い所を持とうと、組手にこだわると「破り」の餌食となる。
また「破り」に気を取られていると動きが単調になり「投げ」の餌食となる。
意外と奥が深い。
やかましい！

さて、1994年のパンティ相撲大会は均衡していた。
両校譲らない2対2の大将戦となった。
私の出番がきた。
心地の良い緊張が走る。
最高の舞台を用意してくれたチームメイトに感謝である。

やかましい！


相手は埼玉県のチャンピオンS君。

私は千葉県のチャンピオン。

（注釈※パンティ相撲じゃなくて柔道でね）

埼玉VS千葉のチャンピオン対決。

元祖『翔んで埼玉』だ。

互いに相手にとって不足はない。S君とは過去に練習試合をしたが、いつも引き分けだった。（柔道でね）そろそろ、決着をつけないといけない。

S君に勝ち、今より上のステージに行きたかった。

同年代に神奈川県を制した井上康生（後のオリンピック金メダル）

東京都を制した内柴正人（後にオリンピック2連覇）

という、超高校級がいた。

勝手にライバル視しておこがましいが、更なる上に向かう為、負けられない戦いだった。

自信はある。

なぜなら私は硬めの破れにくいトランクスを履いていた。

パンツ検査をクリアしているので、ルール上は問題ない。

（パンツ検査ってなんだ！）

　時はきた。

「始め！」

　審判の声と共に先手を取ったのはS君だった。

　左組のはずのS君が右組で組んできた。

　不意をつかれてしまった。

　先に良い所を持たれ、パンツを引っ張られた。

　私の大事な部分に、硬い布が食い込みまくる。

「痛い！　痛いなんてもんじゃない！」

　硬いパンツはまったく伸びない。遊びがないのだ。

　硬いパンツを履いたことが裏目にでた。

　心もあそこも、へし折られそうになる。

　容赦なくS君は、得意の内股をかけてきた。

　埼玉を制した強烈な内股だ。

「丈夫なトランクス」と「S君の腕力」で、私は股間から真っ二つになっていてもおかしくなかった。

　私は踏ん張った。とにかく耐えた。

　踏ん張れたのは「勝利への渇きか？」それとも「Mだからか？」

それは、今でもわからない。
互いにバランスを崩し場外に出た。
審判の「待て」がかかる。
開始線に戻っている時、ある違和感に気づいた。
私のトランクスの大事な部分が破けていたのだ。
S君の手には私のトランクスの布が。
『HUNTER×HUNTER』でいうと、キルアが囚人の心臓を持っている状態だ。
「返せ〜」である。
(誰が囚人だ!)
しかし、審判の「一本」の声が挙がらない。
何故だ?
私のが小さくて、審判に見えていなかった!
周りも何も言わない。
アントマンもビックリだ!
私も自分から「よく見て下さい! ほら、出てますよ」とも言えない。
J-WALKの『何も言えなくて…夏』ならぬ「何も見えなくて…チンチン」だ。
小さいチンチンしてたんだね〜 知らなかったよ〜♪

悲し過ぎる。

（ちょうど1994年にヒットしていたのですいません）

無情にも試合は続行された。

審判は絶対だ。


パンツを破っても大事なものが出てこない私に対し、S君はゾンビとでも戦っている心境だっただろう。

しかし、自身の名誉の為に言わせて頂ければ、きっと硬い布が食い込んだせいで、大事なものが、メリ込んでしまっただけだ。そうだ。そうに決まっている。

いわゆるイソギンチャク方式。私の出身地、千葉県鴨川市の海にはいっぱいいる。

私は動揺しているS君の隙をつき、右手でパンツを握り、片手で背負い投げに入り、パンツを破いた。

「柔道部物語」でいう三五が飛崎にかけた技だ。

「S君敗れたり（パンツ破れたり）」

平成の「巌流島の戦い」に決着がついた。

S君の佐々木小次郎の物干し竿ばりの長刀が、破れたパンツから「こんにちは」をした。

S君のは大きかった……。

私は居合切りをされたと思い仰け反るほどだ。

余談だが、お笑い芸人になってから阿見201さん（身長201センチ）がライブの打ち上げ終わり、居酒屋から暖簾をくぐり出て来た動きを見た時、S君とのパンティ相撲で大事な物が出て来たのを思い出したことがある。

審判の「一本」が合宿所に響いた。
勝負を分けたのは「サイズの差」であった。
審判がしっかり、よーく見ていれば負けていたのは私だった。
後に「世紀の誤審」ならぬ「性器の誤審」と語り継がれたとか、継がれなかったとか。
パンティ相撲セイキの誤審の話。

Episode.13

浮かれた夏の肝試し「廃墟の病院で見てしまったもの……」の巻

高校3年の夏。晴れて柔道部を引退した私は暇を持て余していた。

今まで休みと言えば2、3ヶ月に1日くらいしかなかった。寮生活だった私は土曜の練習終わりに電車で2時間かけて実家に帰り、次の日の夕方には寮にまた帰って来なければならない。今考えれば「1日しかないのにわざわざ」と思うが、それでも実家に帰り、家族や友達と少しでも会えるのが嬉しかった。その当時の1番有意義な休みの使い方だったのだろう。だから休みを終えて寮に帰る時は本当に憂鬱だった。

しかし、そんな私も最後の大会を終えて浮かれていた。「3年間の青春をこの夏休みで取り戻してやる」と、燃えていた。

それもそのはず、高校ではスポーツ特進科とかいう男子クラスだった。高校のパンフレットには共学と書かれていたのに。キャバクラだったら大問題だ！　教室も学校の端っこに隔離されているようで、廊下を通る人がいなかった。そんな女子と接する機会がまったくない3年間。敷地内には女子校もあり、大学もあったのに。私は柔道を怨んだ。

早朝から朝練をして、夜も遅くまで練習。練習が終われば、学校のすぐ裏にある寮に真っ直ぐ帰る。食堂のおばさんに食券を渡すのにドキドキして緊張する日々。なんの罪も犯していないのに、プチ刑務所のような生活を送っていた。自分に彼女がいないのは「出会いがなくて、忙しいからだ」と信じた。

しかし、1つ上のY先輩には彼女がいた。

千葉県大会で優勝して彼女が出来たのだ。

何故同じ大会で優勝した私に彼女が出来ない？

いや、考えたら負けだ。

とにかく部活を引退した！　これで自由だ！

私の青春はここから始まる。

柔道部の最後の大会。試合終了のブザー音は夏の始まりの合図だ。

柔道部の男10人で海に行った！　泳いで、ラーメン食べて、横になって、浜辺で相撲して、また横になって、柔道の話なんかもしてみて、男だらけの海は、それはそれは……つまらなかった。

ガタイの良いモサイ坊主頭が浜辺の景観を損ないまくっていた。

女性だけのグループも沢山いたのに、話しかけることも出来ない。柔道部だけに受け身だった。

こんなはずじゃない！

もっと運命的な出会いとか、ひと夏の思い出とか、エッチなビデオのような展開とか沢山転がっているはずじゃないのか？

これじゃ、これじゃ……私達はモテないモサイただの柔道部だ！

しかし、その後も女性に声をかけることもなく海に入り、上がって砂浜で相撲、疲れたらゴロゴロして、誰かを砂浜に埋めてキャッキャして、また食べてを繰り返した。やはり本当にモテないモサイただの柔道部だった。確定だ。

私達は「練習のない日＝幸せ」になってしまっていた。「これはこれで楽しい」と思ってしまう。

これじゃいかん！　そんなの青春じゃない！

「絵を飾ってない額だ！」

いや、「取り忘れた自動販売機のジュースだ！」。

いや、「鰻のタレだけで食べる白米だ！」。

どの例えもグッとこない。

S君が言った「夜、花火する？」。

花火!!! そうだ、それだ。

夜の海で女子グループだけの花火じゃ危ない。屈強な我々がボディガードを兼ねて一緒に花火をしてあげれば、それは安心だろう。浅はかな考えだ。

ところが、夜の海に行くと、我々以外、誰もいなかった。

昼間の賑やかさはどこにいったのだろう？

仕方なく海坊主頭10人で手持ち花火をした。ただ黙々と手持ち花火をしていた。つまらない。花火ってこんなにつまらないのか？

K君が言った「腹減ったな」。

みんなでラーメンを食べに行った。「昼間ラーメン食べたのに、またラーメン？」と言うヤツはこの中にいない。流石、柔道部だ。

ラーメンを食べ終わってこれからどうするか？

私的にはもう帰って寝たかった。するとF君が言った「肝試し行かない？ 近くに廃墟の病院があって、マジで出るらしい……」。

私は大反対だった！　心霊的なものは大嫌い。お化け屋敷も大嫌い。そういう所に軽はずみに行ってはいけないってテレビで言っていた。あと虫も嫌い。

100歩譲って肝試しに行くにしても、女子がいなければ絶対につまらない。

なんで夏のイベントは女子がいなければ、つまらないものばかりなんだ！

いや、世の中のイベント全部女子がいなければつまらない。

今度はその環境を作り出した「男子クラス」を怨んだ。

いや、男子クラスでもサッカー部、野球部、テニス部のヤツらは彼女がいた。待て。もしかしたら、男子クラスも関係ないいんじゃないか？

ただ自分がモテないだけなんじゃないか？

いや、認めない。認めてなるものか！

いや、今はそんな話じゃない。肝試しを回避しなければ。

私「眠たいから帰ろうぜ」

S君「ビビってるの？」

言ってはいけない一言だ！

10代という多感な時期にその一言で多くの若者がきっと無茶をしたり、バカをしたりしてきただろう。

私もその1人かもしれない。

私「別にビビってねーよ」

そう、私は千葉県チャンピオン！　そしてキャプテンである。

ビビってはいけない。

E君「じゃ行こう」

すると我が柔道部で1番デカい100キロを超えるN君が「いや、やめておこう」と言い出した。

N君は無口なタイプで、普段感情をあまり出すタイプではない。その発言にビックリした。

私は内心「でかした！　良いぞN君」と心の中でガッツポーズをした。

N君「俺、霊感があって。見えちゃうんだ」

そんな能力があることをみんな知らなかった。

冗談かと思ったが、N君はそんな冗談を言うタイプではない。

なによりメガネの奥の瞳は本気だった。

しかし、そう言われると余計に退くに退けなくなってしまった柔道部員。

沈黙を破ったのはF君だった。

「じゃ、行くだけ行ってヤバそうだったら帰ろう」

怖がっているN君は、前にいる私のTシャツを引っ張って歩いている。女子がやってくれれば可愛いやつなんだが、100キロを超える柔道部の引っ張りはTシャツが腹に食い込み痛みしかない。しかし、私も怖いので我慢した。いや、むしろ力強さに安心感すらある。こんなBLもありかもしれない。だが、私は前を歩くE君のTシャツを引っ張り、E君はF君のTシャツを引っ張って、よく見るとグレイシートレインの様に繋がっている。複雑なBLだ。

何はともあれ、目的地の病院に到着した。

辺りは真っ暗で、草もかなり茂っていた。今にも消えそうなボロボロの街灯が1つあり、廃墟の病院をより気味悪く照らしていた。みんな、想像していた以上の怖さで黙った。

すると、病院を見た霊感の持ち主N君が「ヤバい！　ヤバい！　ヤバい！」と言い出した。

緊張が走った。先生が「来ない」と言った日の練習で、道場でダラダラと横になってサボっていたら、急に先生が現れたあの日よりみんな焦っていた。

みんな「どうした？」

N君「オーブが見える！　ヤバい！　オーブが出てきた！」

みんな「何？　何？　オーブ？　オーブって何？」

N君が言うには「オーブ」とは丸い小さい水晶の様な物で、霊が出てくる前兆らしい。

N君「霊が怒っている！　逃げないと」

その言葉に一目散で逃げだした。

今までのどんな朝練のダッシュより速かった。野球部やサッカー部にも負けない速さだった。

なんとか近くのコンビニに着いた。

「ハァハァ……」心臓が飛び出すくらいにみんな息を切らしていた。

「だから、やめておこうって言ったろう」

N君は怒っていた。

なだめようとして、N君に近づいた。

N君のメガネには、ラーメンの油が沢山付いていた。

それがオーブの正体だった。

ラーメンばっかり食ってるからだ。

ビーサンが壊れた者、膝から血が出てる者など負傷者は多数いたが、みんな笑った。

因みにN君は数年後、私の実家で酔っ払ってウンコを漏らすが、それはまだ先の話である。

高校を卒業から20年以上過ぎ、いつの間にかみんなに会うことが減った。

映画『スタンド・バイ・ミー』で「私は自分が12歳の時に持った友人に勝る友人を……その後、持ったコトはない。」

とあるが、その言葉の意味は少しわかる気がする。

それに、酔っ払ってウンコを漏らされたことは後にも先にもその1回だけだ。

浮かれた夏の肝試し。廃墟の病院で見てしまったもの……の話。

Episode.14

「大学柔道部物語！
北海道合宿編。覗き魔と悲鳴」
の巻

大学1年の夏休み。

柔道部の合宿は北海道の温泉街で行われた。

流石、大学の合宿である。

せっかく北海道に来たのに、ず〜っと柔道をしなければいけない。しかも、北海道警察の術科特別訓練の柔道部の方々、通称「特連」と呼ばれる柔道のエキスパートに胸を借りる。


ウチの大学の柔道部は千葉県に行けば「千葉県警の特連」、神奈川県に行けば「神奈川県警の特連」と決して『るるぶ』に載ってない通な旅をする。

もちろん東京にいても、新木場にある警視庁の特連の方々のところに出稽古に行く。嫌な言い方をすると、いつも警察のお世話になる。

駅や合宿所まで「護送車」での送り迎え付き特典もあったりする。

鉄格子の中から見る街並みは遠くに感じ、黒い風に覆われるように心身を吹き抜ける孤独を感じた。

今思えば、記念に1枚くらい写真を撮っておけば良かったが、そんな気分になれない。「これから始まる練習」のことを考えると、ミリ単位で身体を動かしたくない。


そう、特連には猛者しかいない。

大学柔道界で名を馳せた人達しかいないのだ。

その練習に参加するのは、今でいうと「酒癖の悪い社長だらけの飲み会」に参加するような気分だ。

私は練習後「こんな強い警察の方々がいらっしゃるなら、日本は安全だ」と、足を引きずりながらいつも思う。


因みに、特連デビューは高校1年生の時の「千葉県警」だった。

帰り道、トンネルの壁に「打倒！　千葉県警！」と不良の仕業と思われるイタズラ書きを見つけた時、同学年のE君がポツリ、「無理だな……」。

私「あぁ。オレ、金属バット持ってもヤダ」

E君「わかる。じゃ、ピストルは?」

私「外したら絶対に殺されるしな、当たっても効かなそうだし……」

E君「わかる……」

痛い身体を気遣いながら、2人で小さく微笑した。

E君を見ると、まつ毛の裏に涙が溜まっていた。なんとE君は、たった1回の特連での練習で柔道耳になっていた。（柔道用語で「わいた」という。因みに超痛い）

超強い人と壮絶な練習をした証だ。（柔道用語で「ハマる」と言う）

私達の心は打ちのめされていた。

逃亡犯か私達か、というくらい警察に怯えた。権力にではない。限りなく暴力に近い凄まじい強さにだ。

親切な交番のお巡りさんだけが警察官じゃないことを知った 15の夜。

尾崎豊もビックリだ。

もしも「特連」の方々が街に出て不良相手に「喧嘩自慢」動画を上げていたら、きっと街から不良はいなくなってしまい『クローズ』や『WIND BREAKER』という作品は誕生しなかったかも知れない。


話は大分それましたが、合宿（警察巡り）は辛かった。

さて、それをお伝えしたところで、話を戻します。

北海道合宿中、部員の内でまことしやかなウワサが広まっていた。

「合宿のどこかで1日オフがあるらしいよ」

休みがあるというのだ。

その言葉は、一斉送信のない時代にスゴい速さでみんなに伝わった。

だが直接、監督に言われたわけではない。

どこから誰が言い出したかも不明だ。

みんないつもソワソワしていた。正直練習どころじゃない。本末転倒だ。

そして、その日は突然やってきた。

練習終了後のミーティングでコーチから「明日オフにするから、ゆっくり身体を休めるように」の一言。

その瞬間、オリンピックの東京開催が決まった時のフェンシングの太田雄貴さんと滝川クリステルさん顔負けの歓喜に満ち溢れた。

もちろん心の中で。

大喜びしている姿を見せると、監督に「そんな元気があるなら休みいらないな」と言われかねない。

全員、いつも通りの伝令と同じテンションで「はい」とだけ言った。チームはひとつになっていた。

わかるだろうか?

長い乾季で干からびたアフリカの大地に恵みの雨が降った瞬間だ。

動物、植物達は喜び、雨はやがて川になる。

私達のケガや疲労は一瞬で姿を消した。

その夜、北海道出身の部員は引っ張りだこだった。

まだ乗り換えアプリなど無い時代、目的地までの行き方を教えてもらう為だ。

「札幌市すすきの」

みんな行き先は一緒だった。


もちろん私も聞いたが、教え方の無駄のなさに、教えた人数の多さがわかった。

念の為、お店の場所までの地図を描いてもらって、準備ＯＫ。

お店の場所？　はて？

きっと美味しいパンケーキのお店とかだったかな。

うん、そうだ。きっと、多分……そう、甘い物好きだからな〜。

他の人は、「如何わしいお店探し」に勤しんでいた。

いつもは怖い先輩達も機嫌が良かった。


そんな時に事件は起きた。


いつも通り3、4年生が床につき、私達のプライベートが訪れる。

1学年上のK先輩とH先輩。私と他数人で露天風呂に浸かっていた。

今回の合宿は、部員全員でホテルの大広間を借りて寝泊まりしていた。

そんなことが可能だったことに驚きだが、全員が寝てる姿は南極の氷の上で横たわるアザラシだ。

だから、この露天風呂だけが楽しみであった。

湯船から出て私達は竹の筒で出来ているオブジェに腰を下ろし、身体を冷やしていた。

そのオブジェは椅子ではないのだが、身体のデカい柔道部員が入ると風呂場が狭いので、その竹筒オブジェに腰を下ろすしか居場所がない。竹筒は柔道部員の重さで山なりにしなっていた。

いつもは2年生の先輩達はもう休んでいる時間だが、「明日のウキウキ」で寝れないのだろう。1年生の私達もゆっくり浸かるなんてことはそうそうないが、「明日のウキウキ」がそうさせた。

露天風呂は人数オーバーをしていた。いや人数はオーバーしてないが、明らかな体重オーバーだ。

100キロを超える人間達で露天風呂から悲鳴が聞こえそうだ。

そんな時、H先輩がたまたま露天風呂の外側にある衝立の間に目をやると、ビデオカメラを持っているおじさんを見つけた！

覗きである！

その場所はたまたま通りがかるところではない。柵を乗り越えたりしなければ辿りつけない。

H先輩の「覗きだ!!」の声にみんな一斉に立ち上がった！

その時、「ぎゃ〜〜」悲鳴があがった！

なんと、皆一斉に立ち上がったせいで、しなりまくっていた竹が元に戻り、竹の割れ目にK先輩の大事な巾着が挟まった！

まるで竹が意思を持ったかのように先輩のキン○マに喰らいついてる。

九州男児のK先輩は指を骨折しても、試合に出る強靭な精神力の持ち主だ。

(因みに柔道家はテーピングで大体のケガを補う。テーピングに対する信頼が非常に強い)

K先輩があんな悲鳴をあげるなんて、痛みの想像を絶する。

みんな、覗き魔どころではなくなった。

もちろんみんな、挟んだことがないので、アタフタすることしか出来ない。

まずは、人間の習性で無理矢理、抜こうとした。

先輩の大事な「巾着」は空を飛ぶ「モモンガ」のように広がった。

確かに北海道でモモンガは生息しているが、まさか露天風呂で見れるとは!

そんな悠長なこと言ってる場合じゃない。

K先輩は男梅みたいな顔をしながら「痛い痛い痛い、ダメダメダメ」と男梅とは思えない弱腰なセリフを連発した。

次に私達は身体の力を抜けば巾着が抜けると思い、

「先輩、ちょっと力を抜いてみて下さい」

馬鹿である。

普段から巾着はダラーンとして力は抜けている。

「先輩頑張って下さい」

先輩は何を頑張れば良いのだ。

的外れなことしか言えない、後輩を持った先輩が不憫でならない。


「みんなで竹に乗れ」

覗き魔の追跡を諦めたH先輩が言った。

「確かにそうだ!」

数人で竹に乗りしならせた。

無事「モモンガ」は罠から逃れた。

K先輩は膝から崩れ落ちた。

モモンガは天敵エゾフクロウに襲われたかのように縮こまっていた。

すぐに起き上がり、目を閉じ長い深呼吸をすると「あぶなかった」と風呂からあがっていった。


次の日、K先輩の姿はすすきのにあった！

もちろん、損傷した部分はテーピングで補強していた。

なんと強靭な精神力と丈夫な身体だ。

「健全なる精神は健全なる身体に宿る」というが、例外もあるようだ。

Episode.15

「教習所の呪い」の巻

大学四年生の時、都内の自動車教習所に通った。

高校時代に車の免許を取っておきたかったが、柔道推薦での大学進学が決まっていた為、高校3年の1月から大学の合宿所に入ってしまう。

私の誕生日は2月27日。

なので地元の友達とウキウキ、ワクワク教習所に通うことが出来なかった。

地元の教習所に通う同級生達が羨ましかった。

違う高校でも待ち時間とかに「○○高？　じゃ○○知ってる？」とか「○○中出身なんだ〜」とか楽しそうだった。

私は女子との出会いしか望んでいない。

男子はどうでもいい。

何故なら、高校3年の夏、柔道部を引退した私は、進学（車の免許を取れない）を見据え、中型バイクの免許を取る為に茨城県の教習所へ合宿免許に行ったのだ。


ヤンキーしかいなかった……。


そこにワクワク、ウキウキはなかった。ただ、話してみると意外とみんな良い人ばかりだった。

途中問題を起こしていなくなる人こそいたが、それなりに楽しい10日間だった。最終日には「免許取ったらみんなでツーリングに行こう」なんて連絡先を交換する仲になっていた。

最終日の卒業試験、私だけ落ちた。金髪で眉毛も歯もないヤツも合格していた。人は見かけによらない。

もう1泊延長して再試験を受けることになった。なんとか合格し教習所を卒業した喜びも束の間、幕張の免許センターでの試験に2回落ちた。

いや、あんなにいやらしい、ひっかけ問題を出す意味はあるのか？

もう少しで人間不信になるところだ。だから大人は嫌いだ。

尾崎豊の気持ちが少しわかったような気がした。

学校や家には帰りたくない♪

いや、家には帰りたい。

教習所を卒業して、茨城県からそのまま船橋の親戚の家にお世話になって2週間帰っていない。

夏休みが終わってしまう。

千葉県民は幕張の免許センターで試験を受けなくてはならない。

（実家から幕張まで2時間以上かかる）

毎回、叔母さんに「気をつけて帰るんだよ」と言われて見送らせて、落ちて帰ってくる恥ずかしさは、色々な恥をかいて生きてきた私でも格別な味がした。

何が恥ずかしいかと言えば、「しっかり勉強しているのに落ちる」ことだ。1日しかお世話にならない予定だったので、連泊に比例して夕飯が質素になっていくのはプレッシャーだった。

3度目の正直、やっとの思いで試験に合格した。(前泊も含め4日間もお世話になった)
叔母さんに合格の連絡を入れたら既に夕飯を用意してくれていた。
やはり私は可愛い甥っ子なのだなぁ。(バカだから今日も落ちると思われてただけだ)
教習所で出会ったメンバーにも連絡をしてみた。もうとっくに免許を取っているかと思いきや、「無免許で捕まった者」や「窃盗で捕まった者」など耳を疑った。彼らは道を外していた。
教習所だけに!
結局、ツーリングは開催されなかった。

そんな男っ気しかない教習所の経験。車の免許の今度こそ、楽しい出会いが待っていると期待した。

ところが、そんなものはなかった。

同級生もいないし、バイクの免許を持っているので、学科の授業もない。教室で一緒に学ぶことがない。

しかも混んでもいないから待ち時間もない。その分、早く免許を取れるから本来は良いのだが、味気ない。

しかし、それ以上に大きな問題があった。

教官がメチャクチャ怖かった。

そりゃ命に関わることだから、厳しいのは仕方がないのだが、特にじじぃの教官は厳しかった。

とにかく口が悪く、態度も悪い。

しかも、やたらとじじぃの教官が担当になる。

柔道をやっているので慣れてはいる方だが、運命だとしたら残酷だ。

きっと私は前世で、村のみんなが反対したのに「切ってはいけない木」を切ってしまったのだろう。

その木には神が宿っていて、その罰を今世で償っているのだろう。いや、祟りと言った方が良いかもしれない。

受け入れるしかあるまい。


そんな雨の日の教習に奇跡が起きた。

「齊藤さん、よろしくお願いします」

綺麗な若い女性の教官だった。


神はいた。

それとも前世での償いが終了したのか？

同じ教習とは思えない楽しい時間が流れた。

「カーブの前でしっかり減速するように」

彼女にとっては指導だが、私にとっては彼女との大事な約束だ！

心に刻んだ。

幸せだった。

そう思うと、いつものじじぃとの時間はなんだったんだ?

腹が立ってきた。

「月とスッポン」どころの話じゃない。

ミシュランフレンチから偶然生まれた奇跡のいちご大福「シャンパンいちご大福」の黒あんと「野糞」くらい違う。しかし、楽しい時間はあっという間に終わってしまった。

ありがとう天使。

明日からまた、じじぃ教官と教習の深淵に臨むとしても、私はあなたとの思い出だけで生きていける。

さようなら。

ところが、別れ際、天使が教えてくれた。

教官を指名出来るシステムがあるという!


な、な、なんですと!!!


しかも指名料は無料。なんて良い店だ。いや、良い教習所だ。

だから、いつもあぶれたじじぃが私のところに来てたのか。情弱な自分を呪った。

それからは、その教官を指名しまくった。

テイラー・スウィフトがサンドイッチと一緒に飲むのはラベンダーレモネード! と決めているぐらい、

私もその教官以外に路上教習を受けなかった。そのおかげで教習所に通うのも楽しくなり、冗談や世間話もするようになった。

もちろん恋の車間距離は充分にとっている。

私は恋のセーフティドライバーだ。

意気地無しとも言う。

やかましい！

そんなある日の路上教習。

教官「あははは♪　齊藤さん面白いですね～」

私「本当ですか？　普通ですよ～」

教官「齊藤さんって、彼女いるんですか？」


きた！　恋のあおり運転だ！

仕掛けられた。

気のない人に「彼女いるんですか？」とはならないでしょ？

これは絶対に私に気がある！

しかし教官と生徒。

恋のスピード違反。

いや、飛ばしましょう!
私達を捕まえることなど誰にも出来ない。
私はなるべく自然に、
「えっ、彼女は、今はいないです」
「今はいない」ダサい。ダサ過ぎる。ちょっと前はいました的な。
人が言っていたら文句を言う。
すると彼女は食い気味で、「私は彼氏いますから。もうすぐ結婚しますから」

恋の急ブレーキ!
告白もしてないのにフラれた。
教官の急ブレーキにより、恋の大事故は回避されたのか?
いや、私の心に確かな凹み傷が出来ている。

残り教習はじじぃと過ごした。

Episode.16

「東京膝掛け青春物語
～今日から俺、オシャレな東京の
人になる～」の巻

初めて青山のオープンカフェに1人で行った話。


無性に美味しいコーヒーが飲みたくなる時ってあるよね?

私にはない。

いや、ないわけではないが、私は違いがわからない男である。

違いがわかる男、宮本亜門さん（『ネスカフェ』CM）の逆をいくタイプだ。

きっとコーヒーと言われて、墨汁を出されても気がつかない自信がある。

それは流石にわかるわ!

私の育った田舎には喫茶店はなかった。あったかもしれないが、喫茶店に行く暇があればラーメン屋に行っていた。

千葉県民で「コーヒー」と言えば缶コーヒーの『MAXコーヒー』通称「マッカン」なのである。

（ジョージアMAXコーヒーになる前のMAXコーヒーね）

千葉県の人間はMAXコーヒーに育てられたと言っても過言じゃない。だから千葉県の人間はコーヒーを飲みに喫茶店には行かないのだ。因みに、MAXコーヒーはデザインが黄色と茶色のマダラ模様のため、海で素潜りしている時に缶が捨てられていると、ウツボかと思って飛び上がる。懐かしい。

大学生になって上京してもやはり缶コーヒー。

柔道の練習終わりは『がぶ飲みミルクコーヒー』、パチンコする時は『ジョージアのテイスティ』と決まっていた。

あまりに喫茶店に縁がなかったため、大学生の頃、デートで喫茶店に入りアイスコーヒーを頼んだ時、ガムシロップなんてものを知らないから、アイスコーヒーに砂糖を入れてしまったくらいだ。いくらかき混ぜても溶けないから、スプーンで押しつぶした。アオハルだなぁ。

彼女はまるで「割り勘の端数を何も言わずにポケットに入れる人を見たかのような」驚いた顔をしていた。恥ずかしさでいたたまれなかったが、元プロ野球選手、名監督・野村克也さんの名言「人間は、恥ずかしさという思いに比例して進歩するものだ」という言葉を思い出し乗り切った。

その後、1人でも喫茶店に行くようになるが、『ゴルゴ13』や『こち亀』などが置いていて、ソファーにはタバコの焦げた後があるような昭和の香りが残る店ばかりを好んだ。


そんな私が青山のオープンカフェに1人で行くことは、ゴリゴリの男子校生が知り合いもいないのに、1人で女子校の文化祭に行くようなもんだ。恐ろしい。

では、何故そんなことを？

「インスタ映え」

そんな言葉に踊らされてる悲しい男だ。

当時、私はまだインスタをやってないのにだ。

初めて「インスタ映え」って言葉を聞いた時、「どんな蝿だ？」と思っていた私がだ。

きっと田舎から出て都会に染まろうと頑張っていたのだろう。田舎から出て来たコンプレックスなのかもしれない。

きっと名曲『木綿のハンカチーフ』の歌詞に出てくる「彼」はこんな感じで変わっていたんだろう。

「翼を持たずに生まれてきたのなら、翼を生やすためにどんなことでもしなさい」

ココ・シャネルの言葉が私の背中を押した。

青山……初めて来たわけではないが、いつ来ても私の目には全員嘘つきに映る。

私を否定するわけでも、肯定するわけでもない青山に既に飲まれていた。

「やめた。帰ろう……。なんでわざわざ青山のオープンカフェに1人で行くんだ。意味わからない」

そんな時、ある言葉が頭に浮かんだ。

「意味のないことをたくさんするのが人生なんじゃよ」

『ちびまる子ちゃん』に出てくる友蔵さんの言葉だった。

そうだ。何をビビってるんだ！　もう迷わない。

店に着き、常連っぽい雰囲気（ちょっと怠そうに）で「1人です」（本当は「です」を付けないようにしたかったが圧に負け付けてしまった）。

すると女性の店員さんは、「お好きな席にどうぞ」と返してきた。慣れている！

そりゃそうだ。店員さんなんだから。

椅子に座った。座り慣れない網目の椅子に、ケツのベストポジションを探すが、なかなか見つからず、椅子とケツが鍔迫り合いをしている。

すると女性店員さんが「ご注文お決まりでしょうか?」

何?! まだメニューも見てない!

まさかケツをモゾモゾと動かしている時に尻文字で「注文お願いします」と書いてしまっていたのか?

だとしたら、店員さんは尻文字を読んだのか?

恐ろし過ぎるぞ青山!

とにかく先制パンチを食らってしまった!

見たところ女性店員さんは20代前半で、その瞳からは芯の強さが伺える。

きっと学生時代の伝統ある吹奏楽部とかに所属していて、「辛い練習を乗りこえてきた」という自信からなのだろう。

制服の着こなし方から、この店で働いて1年、いや1年半くらいか。きっと飼ってる小型犬をスマホの待ち受けにしていそうなタイプだ。更に温かい家庭で育ってきた感が私の調子を狂わせる。

相性的には最悪だ。

どんな偏見だ!

とにかくダメだ。俺とは何もかもが違う……。

やっぱり帰ろう……。

しかし、サンジェルマンのカフェテラスを彷彿させる眺めと、こだわりの北欧アンティーク、そしてヨーロッパの古城のようなお店が私にこの言葉を思い出させた。

「打ち倒す者は強いが、起き上がる者はもっと強い」

フランスのことわざだ。

もう名言いいから早く注文しろよ！

立ち直った私は「たまの休日感」「やっと今日休みだ感」を出しながらパスタとコーヒーを頼んだ。

上手に頼めた気がする。喜びも束の間「ブランケットはどうされますか？」

僕の頭の中に「？？？」が溢れた。

なんだ？　ブランケット？

落ち着け、落ち着け。

ブラン……ブラン……モンブラン？

ケット……ケット……ビスケット？

モンブランとビスケット？？

はっ!!　デザートのことか！

青山ではデザートをブランケットって言うのか！

小慣れてる感じで「食後でお願いします！」。

女性店員さんは、まるで「小学校の同じクラスの男子が慣れた手つきで、鼻くそを食ったのを見たかのような顔」で驚いていた。

女性店員「食後……ですか？　かしこまりました……」

しまった！　青山では食前にデザートを食べるのか？　失敗した！

でも自動車会社フォード・モーターの創設者のヘンリー・フォードの名言に「本当の失敗とは、失敗から何も学ばないことである」と言う言葉がある。ならば、この失敗をしっかり学び、次から気をつけよう。

食事を済ませると、女性店員さんは伝票と一緒に「ブランケットお持ちしました」と「膝掛け」を持って来た。

穴があったら入りたい。いや、そのまま掘って逃げ出したい。

「あっ、はい。どうも……」

恥ずかしさで汗が噴き出した。

汗だくになりながら目をつぶりブランケットで膝を温めた。

もちろん、「ブランケット」という名のデザートは届かなかった。

そんな私を励ます言葉はもう出てこなかった……。

Episode0.17

「四月は僕の嘘」の巻

「嘘をつく」人は様々な理由でウソをつく。自己防衛、他者への配慮、自己利益の追求など。心理学的には、ウソには12種類があるそうだ。

・責められたくない
・怒られたくない
・弱みを見せたくない
・注目されたい
・人に認められたい
・良く見られたい
・自分の利益を優先したい
・責任から逃れたい
・特権を得たい
・他者を傷つけないため
・人間関係を円滑にするため
・衝突を避けるため

果たして私がついた「四月の嘘」とは……

大学2年生の春休み中、柔道部だった私は強化練習期間で午前と午後に練習に明け暮れていた。

せっかくの暖かい春の日差しは地下二階の柔道場には届かず、陰鬱とした薄暗さは拭いきれなかった。しかし、畳に足を置いた時、ほのかな暖かみを「足の裏」に感じ取ることができた。素足で練習する柔道家は足の裏で季節を感じる。真冬の畳は、バイトを当日欠勤した時の店長の態度くらい冷たい。そして、暖かかろうが寒かろうが練習内容が変わることはない。

今日は4月1日。エイプリルフール。テンションが上がるような行事や、異性に囲まれているような空間であればきっと楽しいのだろうが、男だらけの柔道の練習にはそんなものは必要なかった。ただの365分の1日の平日に過ぎない。部員の誰かがエイプリルフールに便乗して「今日練習休み〜」なんて言ったら、エレベーター内のオナラくらいひんしゅくを買うだろう。

いつも通りの練習が行われた。ただ1つ、いつもと違うことがあった。今までケガの療養で別メニューをしていたT先輩が今日から本格的に練習を再開した。半年ぶりの復帰だった。試合形式の練習「乱取り」にも参加した。私もT先輩と乱取りをした。しかし、半年間のブランクの影響は大きく、以前のようなパフォーマンスは発揮できない状態だった。かつてインターハイベスト8だった面影はなかった。それはしょうがない。ケガは付きものだし、今日復帰したばかりだからだ。きっと昔のような強い先輩を取り戻してくれるはず。

T先輩は高校時代からの先輩で、私の1つ上で憧れの存在だった。付き人としてずっと背中を見てきた。この先輩に憧れて同じ大学にも進学したし、この先輩に鍛えてもらったから私も千葉県チャンピオンになることが出来た。本当に鍛えられた。辛かったあの日々……。

私はT先輩をブチ投げた。ブチ投げまくった。こんなチャンスは滅多にない。いや、もう二度とないだろう。どうせすぐ強さを取り戻す。積年の恨みを晴らすときだ！　これも1つのエールだろう！

T先輩の目付きが変わった。いや、変わったのは目付きだけじゃない、強さも変わった。精神が肉体を超えたのだ！　あの頃の先輩の強さが戻った。いくらなんでも強さ戻るの早過ぎだろ！　本当に負けず嫌いな先輩♡　スイッチが入ってしまった先輩は相手を変える合図のブザーが鳴っても乱取りをやめない。珍しく私にもスイッチが入った。黙らせてやる。

組手争いで顔面にパンチ寄りの手が当たろうが、蹴りのような足払いが入ろうが、お互いお構いなしだった。一応、ケガをしていたところには攻撃しないよう配慮した。しかし、その詰めの甘さが仇となった。先輩の大内刈りを食らった。私は投げられながらも背中を畳に付けないよう身体を捻り、うつ伏せになろうとした。しかし先輩は技をかけながらもそうはさせまいと私を引っ張り、背中を畳に付けさせようとする。「投げてやる！」「投げられてたまるか！」お互い意地がぶつかり合う。

結果、私は肩から畳に落ちた。2人分の体重が肩にかかった。「痛い！　アレ、すごく痛い！　先輩ストップです！　肩ヤバいです！　痛い痛い痛い～！」痛がる私の周りにみんなが集まってくれた。しかし心配してくれると思いきや、「本当か？」「またまた～」「今日エイプリルフールだからなぁ～」と疑う声ばかりだった。私の日頃の人間性も大きな原因なんだろう。

不思議なことに、みんなに言われると痛みが治り始めた。

「すいません、確かに大袈裟だったかもしれません」

また練習を再開した。時折痛みを感じるものの、「気のせいだ」と気にしないようにした。しかし次の日の朝、右肩だけ漫画『ONE PIECE』に出てくる白ひげ海賊団3番隊隊長ダイヤモンド・ジョズみたいに腫れていた。痛いし手も上がらない。

ダイヤモンド・ジョズになってしまった私を見てみんなも流石に疑わなかった。そして病院に行ったら肩の靭帯が切れていた。すぐに入院し手術することになった。

私が自分についていた嘘は12種類どれにも該当しない気がする。でもきっとこれは「四月も僕はバカ」なんだろう。

Episode.18

世界初？「ひかれ逃げ」の巻

私が大学3年の時の話。

柔道部だった私は、大学の体育寮に住んでいた。

寮での厳しいルールの1つに「練習が終わり次第、すぐ寮に帰り、その後は外出禁止」。

これは白金に住んでる社長令嬢もビックリな厳しいルールだ。

大事にされ過ぎな「やんごとなき柔道部」である。

もちろん大事にされているのではなく、外に出ても「ロクなことしないだろう」ということだ。

外出がバレたらもちろん怒られるし、頭がツルツルにもなって、連帯責任で他の部員にも迷惑がかかる。

「ルールは守ってこそルールである」

しかし、しかし……。

私の心は大きく揺らいでいた。


「クリスマスくらい良いだろう……」


何故？

自分でもわからない。

聖夜だなんだと繰り返す歌とわざとらしくきらめく街のせいかな♪

数年後、ｂａｃｋ ｎｕｍｂｅｒの『クリスマスソング』を聴いてなんか納得した。

とにかくリア充が羨ましかった。

人並みの自由、暗い生活の中で少しでも輝きが欲しかったのだろう。

私は寮を抜け出していた。


東京に来て、初めて自由を感じた瞬間だった。

東京の夜はなんて明るいんだ。

いつも朝練で走ってる公園も違う顔をしていた。

朝練の最後のメニューの坂道ダッシュの時に、私達がジャージを置いてるベンチにはオシャレなカップルが肩を寄せ合って座っていた。この街は今、目を覚ましたかのように、イキイキと動いていた。

私は「カボチャの馬車」も「ガラスの靴」も履いてないが、シンデレラもこんな気持ちでパーティに向かったのだろうか?

私の足は丸の内線「茗荷谷駅」に向かっていた。

電車に乗り「池袋」に行く為だ！

やはり池袋だ！　池袋に行けば何かある。

ヨシノリ青年の頭の中は「池袋に行けば、きっと何かエロい事件に巻き込まれるゾ♡」の期待でいっぱいだった。

その時だった。

私は白い軽トラにひかれた！

後ろから、突き飛ばされブロック塀にぶつかった。

「ヤバい!!!」

スグに起き上がり、走って逃げた！


「ひかれ逃げ」である。

何故、私は逃げたのでしょう？

もちろん、わかりますよね？

外出がバレたら怒られるからである。

警察官を呼ばれたり、病院に連れて行かれたらヤバい。

悠長に痛がってなんかいられない。

私が逃げ出し、運転手は大慌てである。

このまま私に逃げられたら、「ひき逃げ」になってしまう。

必死になり「ひき追いかけ」してきた。

「ひかれ逃げ」「ひき追いかけ」どちらも、耳にしたことはない。

凄い勢いで追いかけて来た軽トラの運転手が凄い形相で「待て！　おまえ、今、俺にひかれたろ?‼」。

私「は？　ひかれてないです。向こうに足を引きずってる人がいた。その人じゃない？」

と、頭から血をドバドバ出しながら言ったって、信じてもらえない。

そりゃそうだ！

一瞬のスキをつき、私は車の通れない道へとまた逃げた。

池袋への執念だろう。

運転手さんは、警察に電話をしたらしく、しばらくして私はお巡りさんに取り押さえられた。

お巡りさん達は「ひかれた人を羽交い締めにしたのは、初めてだよ」と笑っていた。

大変ご迷惑をおかけいたしました。

運転手さんが凄く謝ってくれたが、もちろん私の方が謝った。

こちらの事情を知ってか、寮には内緒にしてくれた。

ツルツル頭を免れた。

と、思ったが頭を17針縫うことになり、ツルツルの五厘刈りになった。

池袋にも、もちろん行けなかった……。

たった2駅。

近くて遠い街……池袋。

Episode.19

「就職戦線異常アリ。なぜ中身はイケメンだと思っているのか？」の巻

大学4年生の頃、私も一丁前に就職活動をした。

卒業後はお笑い芸人の道に進むつもりであったが、人生経験の一環として就職活動を経験してみた。とはいえ、高校も大学もスポーツ推薦。受験勉強もしたことなければ、大学の教科書も新品と見分けがつかないくらい綺麗な私。そんなヤツが就職試験で受かる訳がない。

なので、やることは1つ。

「面接試験のみの企業を探す」

そう、何故か面接だったらいけると思っていた。

俗に言う「男は中身だぜ」って言う男は、何故か自分の中身が良いと勘違いしている案件だ。「顔もイケてなく、中身もイケてない」これが現実だ。

何故かイケメンでないことは認めるが、中身は「優しくて、凄く良いヤツ」と自分を中身イケメンと思ってしまう。

「中身イケメン蜃気楼」は恐ろしい。

芸能の世界に入って、イヤと言うほどイケメンを見てきた。

大体「イケメン=良い人」だった。イケメンは幼い頃から、人に優しくされたり、親切にされたり、好意を寄せられるので、性格も良くなるのだ！

まったくもってやってらんない！

話がだいぶそれてしまったが、
なんと面接試験だけの企業を見つけることが出来た！
文房具の製造・販売をする会社だった。
文房具の会社なのに筆記試験がないとは?!　斬新な会社だ！
しかし採用人数1人。狭き門だ。
まっ、受かったとしても私はお笑いの道に行く。申し訳ない。
（受かってから言え）

試験当日、成人式で買ってもらったスーツに身を包み、履歴書を持ち電車に乗る。窓に映る自分は、まさに「就職活動真っ只中」の好青年だった。やはり大学生の醍醐味は就職活動だな。

会社に着くと、会議室に案内された。

「あれ？　私しかいない」

就職氷河期と言われているこの2001年に私しか受けないのか？

50代の人の良さそうなおじさんが「お待たせしました〜」と入って来た。

履歴書を見ながら「え〜齊藤良徳さんね……」と話し始めた。

「ずっと柔道を続けてるんだね〜。体育会の人は根性あるし、ありがたいな〜。ウチの会社は柔道部ないけど大丈夫？」

私みたいな者を必要としてくれる……？

好意的に接してくれて、なんて良い人なんだ……。

私の心は大きく揺れた。いや、私には子どもの頃からの夢が、お笑いの世界が……。

「齊藤さんみたいな人を待ってたんですよ」

なんて見る目がある人なんだ！

この人は私の中身をしっかり見てくれている。

そこまで言われて、断る訳にはいかない。

私の心に迷いはなくなった。

私がこの会社を大きくしてやる！　お笑い界よ、ちょっと待っていてくれ。

面接官「でね一応、筆記試験というか、一般常識問題を受けてもらうんですけど」

私「えっ？　筆記試験？　あるんですか？」

面接官「今までなかったんだけど、ウチも取り入れようってなって、そんな大したものでなくて、本当に簡単な一般常識だから大丈夫、大丈夫」

まぁ、一般常識なら良いかと試験を受けた。

が、罠だった！

てっきり一般常識っていうから「夜、人に会ったらなんて挨拶する？」とか「人の物を取って良い？

ＹＥＳ　ｏｒ　ＮＯ」みたいなものかと思っていたら、5教科はもちろん、時事問題からビジネスマナーまで出題された。世の一般常識は、私には非常識だった。

「テストが間違ってる？」と思って表紙も確認したほどだ。

「おのれ～あのおっさん、人の良さそうなフリして、こんな難しいテスト受けさせやがって、こんな会社誰が行くか！」

その日のうちに連絡があった。

「誠に残念ではございますが、今回はご希望に添えない結果となりました」

でしょうね……。

あのおじさんの見る目は確かだ。

Episode.20

「GOくん大活躍！
感謝、感激、バカ、哀れ」の巻

現在もお笑いトリオ「オテンキ」で一緒に活動しているGOくん。

GOくんとの出会いは大学の時だった。

お互いスポーツ推薦入学した柔道部。ジュ友（柔道友達）だ。（何だよジュ友って！）

スポーツ推薦と聞くと、部活しかやってなくて勉強ができない人ばかり、そう思う方もいるかもしれないが、近年は文武両道で学問と武道の両方に優れている人も多い。大谷翔平選手や羽生結弦選手などがその最たる例だ。残念ながら私とGOくんは違う。全然違う。私は卒業証書を見て自分が経済学部であることを知るくらいで、学部は柔道部だと思っていた。GOくんもひどい。英語の授業の時、「a long time ago」をGOくんは「ちょっと待って、あの人あご長くない？」と訳した。びっくりした先生は「鳩が大陸間弾道ミサイル」をくらった顔をしていた。

私たちはレクリエーション活動を大切にし、授業をサボって学食にご飯を食べたり、授業を抜けて図書館でDVDを見たりとコミュニケーションを大切にして交流を深めた。その甲斐あって、私の大学1年次の修得単位は16単位だった。4年間で124単位とらなければ卒業できない。31単位の4回払いで124単位。いきなり滞納してしまった。早くも留年決定かなぁ……と肩を落とした。そんな私の落ち込んだ肩を上げてくれたのがGOくんだった。GOくんは8単位だった。下には下がいた。我々は奮起した。作戦を練った。

作戦①「授業にしっかり出る作戦」

正確には、出欠を取る授業にはしっかり出る。そうじゃない時に食堂に行く。（反省してないじゃん）

作戦②「一般の学生と仲良くなる作戦」

やはり情報を手に入れなければならない。我々は情弱過ぎた。（そりゃそうだ、授業出てないんだから）千葉の田舎から上京してきた普段柔道部の人間としか話をしていない寮生活の私には一般学生に話しかけ仲良くなるのは難易度が高い為、東京出身で実家から通っていて、彼女もいるGOくんに任せた。作戦は簡単だ。まずGOくんが一般学生に話しかける。仲良くなるのを待って、GOくんから合図が来たら輪に加わる。（お前何にもしてないじゃん）

作戦③「やる気はあるんですが、僕たちバカなんです作戦」（作戦名からバカが伝わる）

先生に課題を出してもらう。これは普段から授業にしっかり出て、一番前に座って先生に「やる気ある子だなぁ」と印象付けないといけない。先生の話にちょっと相づちやリアクションをする。テスト間近になると「先生すいません、テストはもちろん頑張るのですが、でも僕たちバカでして、申し訳ないのですが、課題出してもらえないでしょうか？」とお願いする。これも5歳から町道場に通い、礼儀作法を心得ているGOくんに任せた。（お前なんもしねーな！）その代わりパチンコで勝ったらGOくんにご飯をご馳走していた。因みにレポートというとカッコいいが、ほぼ作文だった。更にGOくんは平仮名だらけだった。それでも単位は修得できた。ただ、それが通じない先生もいた。

作戦④「ガチで勉強する作戦」

まあ、それが普通なのだが、意外とガチでやって単位が取れたことはびっくりしたし嬉しかった。「やっぱさ、やればできちゃうんだよね勉強」とGOくんがマジトーンで言ったので、「こいつ何言ってんだろう」と思った。私も調子に乗り「経済って結構楽しいなぁ」と言うと今度はGOくんが「何言ってんだこいつ」と言う顔で見ていた。

そんなこんなあり大学4年生になった。1年間で組める授業の単位がMAXで48単位だった。我々が卒業までに取らなければならない単位が48単位。つまりフル単位取れば卒業できるのだ。いや、よくここまで漕ぎつけた。しかしフル単位取るなんてほぼ不可能だろうとみんなは言った。

4年生になっても作戦は特に変えることはなかった。変わったことと言えば、大体の一般学生はしっかり単位を取っているので学校にはほぼ来なくなり就職活動に専念していた。我々はフルで授業に出て相変わらず「課題下さいゾンビ」だけど少し進化して「就職が決まっていて卒業できないとヤバい」っぽい雰囲気を出すようにした。

就職氷河期の時代だったのでこれを利用しない手はない。

まあ、それでも課題を出してくれない先生もいるけど。(だから、それが普通なんだよ！　あとウソだし)だからこっちも就職決まってる雰囲気。「決まった」とは言っていない。「あの手」「この手」「人の手」「誰かの手」「救いの手」「奥の手」を借りたり使ったりして、見事2人ともフル単位を修得。

4年で卒業することができた！

奇跡だった。GOくんのおかげだ！　きっとGOくんがいなければ卒業できなかっただろう。お礼をしたいけど、君のことだから　もう充分だよって　きっと言うかな。

（お礼しろよ！　なんで『ひまわりの約束』なんだよ）

結局、柔道部の同級生12人中3人留年、2人退学だった。みんなで同じ桜を見ることはできなかった。入りやすいが出にくいスポーツ推薦。

因みに留年した中の1人が神社の神主の息子だった。その神社は勉強の神様の神社だった。その年の参拝者数が激減したらしい。恐ろしい話だ。

私はGOくんがいなければ卒業することができなかった。本当に感謝。

GOくん烈伝
私が年末に「来年の干支ってなんだっけ？」と聞いたら「えっ、もう決まったの？」

毎年どっかのお坊さんが決めると思っていた。

学生時代、お父さんに「日本の経済はどうだ？」と聞かれた時、「どうやら日本は景気悪いらしい」と答え、「そんなこと大学行かなくてもわかるだろ！」とお父さんを悲しませた。

そんなGOくんも私も「経済学士」という称号を持っている。そう、卒業証書に書いてあった。

第3章

section 3

Episode.21

「日本代表になりたくて」の巻

中学、高校、大学と柔道に精を出した。

千葉県大会で優勝することは出来たが「全国大会優勝」は叶えられなかった。「頂きの住民達」とは住む世界が違かった。知れば知るほど強者の底知れなさを感じた。簡単に言うなら「上には上がいた」ということだ。

大学卒業を機に競技柔道から足を洗った。

私の「日本代表」「世界大会出場」の夢は、その役目を終えた。

それから20年近くの時が流れた。

ある時、お笑い芸人「さらば青春の光」の2人が「モルック」という競技で世界大会に出場するという記事を見た。オープン参加で世界大会に出れるらしい。

私の中で眠っていた何かが目覚めた。

私「世界大会か……」

心の声「便乗しちゃえよ」

私「えっ、便乗?」

確かに夢だった「日本代表」「世界大会出場」だが……。

それはもう、昔に捨ててきたはず。

いや、やっぱり諦めたくない。

心の声「便乗させてもらっちゃえば楽だぞ〜」「森田君に連絡しちゃえよ」

私「そうだな。いや、ダメだ！　何か癪に障る」

（誘ってもないヤツに、癪に障られて森田君も気の毒だ）

どうせなら二番煎じでも自分で探す方向で「日本代表！　世界大会出場プロジェクト」を進めて行くことにした。（動き出すきっかけをくれた、さらばの2人ありがとう）

そこで見つけたのがkubb（クッブ）である。

「的当て」と「陣取り」の要素を取り入れたスウェーデン発祥のマイナースポーツ。

毎年スウェーデンのゴットランド島でオープン参加で世界大会が開催される。

「これだ！」

調べてみると日本クッブ協会主催でクッブ体験を駒沢公園で開催していた。

よし、これに参加してみよう。

受付で係の方に1日の「プログラム」と「公認普及指導員規定」と書かれた本を渡された。

「ん？　公認普及指導員規定？」

プログラムを見ると6時間のスケジュールが予定されていた。

「6時間？」

私は普及指導員の講習&試験に申し込んでいた。

バカである！　未経験で普及指導者に応募するのはクレイジー過ぎる。

まっ、持ち前の明るさで乗り越えるしかない。

会場のグラウンドに行くと参加者が10人くらいいた。

指導員の方の挨拶のあと1人ずつ自己紹介をすることになった。

参加者A「大学でクップと出会い、クップ歴は3年です」の方や
参加者B「クップ歴4年です。クップ大会で優勝し、これを機に普及指導員の資格を取りに来ました」

みんな当たり前だが経験者。腕に覚えのある人達ばかりだった。

いよいよ私だ。

「クップ歴は0日です。ネットで見て楽しそうだと思い応募させて頂きました」

流石に間違えて応募したとは言わなかった。

「0日って！　山本耕史さんと堀北真希さんの交際0日婚かよ！」と誰もツッコミは入れてくれなかった。

当然だろう。

「別にいいんじゃないか？　料理評論家で、服部栄養専門学校の理事長を務めた服部幸應さんだって長年に渡って料理を指導したり、評論してきたが調理師免許は所持してなかったしな」と、フォローしてくれる人もいない。何年前の話だ！（あと服部先生は調理師免許を作成する側だから問題はない）

それを言えば、私も世界大会に出場するのに「普及指導員」の資格は必要ないのだが……。

いや、間違って来てしまったとはいえ、これも何かの縁。

偶然とは必然なのだ。

有名な話だが、要潤さんの芸能界に入るキッカケは居酒屋のアルバイト中に、キッチンから「料理お願

いします」とホールに顔を出したら、要さんを偶然見つけた芸能事務所の方がスカウトしたのだ。

初めて聞いたわ！　あと、だからなんなんだ！

ちょいちょい入れてくる「芸能のトピックス例え」がグッとこないんだよ。

まっ、そんなこんなで無事に普及指導員の資格取りました。

書くのあきちゃってるじゃん！

1番印象に残っているのは、普及指導員のモテなさそうなおじさんが、私にだけ「ボウリングはストライク取らないとハイタッチ出来ないけど、クップは1本倒すだけで、女子とハイタッチ出来るからな。嬉しいだろ？　だから頑張れ！」「チームに女の子がいると、いっぱい話が出来て、クップって良いだろ?・」と小声で励まして(?・)くれた。

何故小声！

あと、それは「クップが楽しい」と違う。

「クップ」の魅力は、身体能力の差なく子どもからお年寄りまで誰でも簡単に楽しむことが出来ること、木と木が当たる「カーン」という音も心地よい。

そして何より、女の子と話すのが楽しい。

おいおい！

あのモテなさそうなおじさんは未来の私だろう。

Episode.22

「温故知新」の巻

2019年日本で開催された「ラグビーW杯」。

ニュージーランド対ナミビア戦を東京スタジアムに観戦に行った。

「まさかラグビーがここまで人気になるなんて!」

私の中でラグビーは「グラウンドの柔道」。つまり、球技の中で1番モテないスポーツだった。柔道部の私が言うのだから間違いがない。(ひどい偏見だ)

モテないけど辛いスポーツだ。(柔道部に言われたくない)

それが五郎丸選手あたりから怪しかった。多分2015年あたりだったはず。独特のシュートルーティンと爽やかな武骨さが魅力的だ。彼のシュートは国民の心にも届いた。

会場のある「飛田給駅」に降りてビックリした。デカい人の山。もう山脈だった。ちょっとしたエルバフだ。

世界中の大きい人が東京スタジアムに集まっていると言っても過言じゃない。

180センチ以上ある体格の良い世界のおじいちゃんもたくさん見た。

もはやアトラクションだ。

そして、私のお目当て、試合前に行われるニュージーランド代表の「ハカ」が始まった。

ハカとはニュージーランド先住民マオリ族の伝統的な踊りで、ラグビーの試合前にニュージーランド代表チームのオールブラックスが披露するウォークライ(おたけびの儀式)だ。

この「ハカ」を見たくて足を運んでる人も多いはず。

シーンと静まる会場。

緊張感に包まれる。

こだまする雄叫び！

カッコ良いなんてもんじゃない！

それを肩を組んで見守るナミビア代表選手の紳士的な姿もまたシビれる。

そして、試合が始まった！

あんな大きい人に、あんなスピードでタックルされたらこれは交通事故だ！

それを80分間も。凄い！　流石「闘球」と呼ばれるスポーツだ！

男として魅せられてしまった私は、すぐ影響され、帰り道の電車の中で人生で初めての「ネットショッピング」をした。

お目当てはオールブラックスのジャージだ。

ラグビーニュージーランド代表が私に与えた影響の大きさがわかるだろう。


後日品物が到着した。

これで私もオールブラックスの一員だ！

ワクワクしながら袖を通そうとしたが、ジャージが入らない……。

サイズを間違えて注文してしまった……。
もっと驚いたのは同じ物を2つ注文している……。
得体の知れない緊張が走る。
返品の仕方もわからない……。
こだまする雄叫び。
これがオテンキのり伝統の「バカ」である。

Episode.23

「友（強敵）との再会。15年後の貴乃花」の巻

赤坂でラーメンを食べていた27歳の時、私は何か落ち着かずにいた。

慣れない「赤坂」という街がそう感じさせるのか？　カウンターしかない店内は、体重100キロを超える私には狭く感じるからか？

そのどちらでもない「何か」ということはわかっていた。

私の中の細胞が、店にいることを拒否してくる。怯えている？　私の細胞が何かに怯えている。何に？

何かが来るというのか？　とんでもない強者が？

いや、落ち着け！

別に元横綱、貴乃花親方が突然ドアを開けて入ってくるわけでもないだろう。

ドアが開いた。

元横綱、貴乃花親方が入って来た!!!

これか！　ずっと感じていた「何か」の正体は！

現役引退後、親方となり、だいぶスラっとした体型になったとはいえ、ビリビリと伝わってくる覇王色の覇気。相変わらずだ。


15年振りの再会。

この出会いは偶然か、必然か？

神のイタズラ？　いや、神のご褒美だ！

私はこの時をずっと待っていた。15年前、何も出来ずに敗れたあの日から……。

あれから中学、高校、大学と柔道に明け暮れた。日々強くなることだけを考えていた。

後に金メダリストとなる方々とも戦った。勝負の怖さ、勝利する喜び、負ける悔しさ、負けることでしか学べないことの多さ、努力と才能、秩序と矛盾、閃きと葛藤の日々だ。

何が言いたいかって？

お陰で強くなれた。


決着をつける時が来た。

「光司、表で待っているぜ」

「のり、良いのか？　俺は今、ここでも構わないんだぜ」

「こっちは15年もアンタを待っていたんだ。邪魔が入ったらつまらない」

「15年か……随分待たせせた。ファンサービスも横綱の仕事だからな」

そんなような話を心の中でした。（勝手な妄想です）

昂る気持ちを抑え、私はラーメンを食べ終え早々に店を出た。店の横で15分くらい待っていた。食べ終わった貴乃花が店から出て来た。

時は満ちた。

行くぞ！　ビビるな！

私「あの〜すいません。私、親方の大ファンでして、握手して頂けないでしょうか？」
親方「良いですよ」
私「ありがとうございます。昔、千葉の鴨川で親方と、ちびっ子相撲で対戦させて頂いたことがありまして、ずっと応援してました」
親方「ありがとうございます」
私「あと写真もお願いしてよろしいでしょうか？」
親方「良いですよ」
（ただのミーハーじゃねえか！）
しかし優しかった。強くて優しい。最高の人だ。
15年前、サインも写真も貰えなかったから、凄く嬉しかった。

しかし、その後がまずかった。
外国人の団体旅行客がいた。
親方に気づいた通訳が「相撲の横綱、グランドチャンピオンがいる」と言ってしまった。テンションが上がった外国人旅行客に、あっと言う間に囲まれてしまった。私のせいで親方にご迷惑をお掛けしてしまう。申し訳ない気持ちだ。

ん？　あれ？　おかしい、囲まれているのは私だ。

「Take a picture」

どうやら太っている私を横綱と勘違いしたようだ。

Episode.24

「汗とウンチとおじさんが出た！」の巻

我ながら酷いタイトルである。

10年ほど前、柔道のお仕事に向けてジョギングをしていた。

深夜のラジオ生放送が終わってから、深夜2時から走り始める。

タフな男だ！

家の近くの土手を走るのだが夜の土手は非常に暗い。

お父さんに怒られた後のお兄ちゃんくらい暗い。


昼間は少年野球や少年サッカーの子ども達、ジョギングをする人や犬の散歩をする人で賑わっているがウソのように閑静としている。ベロベロに酔っぱらって帰った次の日、財布の中の空っぽさを思い出させる。自分の足音しかしない土手。草木の香りも独り占め出来る貴重な瞬間だ。


大嫌いである。

暗くて怖いし、ランニングも嫌いだ。人生で1度もランニングをして「気持ち良い」と思ったことがない。練習の一環としか思ってないからかもしれない。「やらされてる感」は否めない。何故なら遅刻しそうで、駅までダッシュすればギリ間に合うかもしれない時でも走らない。

それが私だ！　歩きながら言い訳を考えてる方が好きだ。

それでよく浅草で観光案内の人力車のバイトを長くやっていたと思う。

理由は簡単、お金が貰えるからだ。「どうせ走るならお金を貰いたい」と言った方が良い。もちろん人力車の魅力はたくさんあり、1番は乗せたお客さんを「楽しませる」のが好きだからである。

話はそれたが、そんなこんなで深夜のランニングを続けていた。
もう1つランニングが嫌いな理由がある。
「トイレに行きたくなる」
ランニングをすると60%〜70%の確率で大に行きたくなる。
パチンコのスーパーリーチだったら激アツの信頼度だ。
もちろん近くにコンビニもない。
流石に「野外フェス」をする訳にはいかない。
野球のグラウンドの脇にトイレが1つだけポツンとある。
多目的トイレほどは大きくはないが、少し大きめの個室トイレだった。
しょうがない……ここでするしかない。

ドアを開けると、中は更に真っ暗で見えない。
月明かりで何とか便器がある場所がわかるくらいだった。
用を足しドアを開けトイレから出た。

「もう少し走るか」とシャツをしまって準備をしていたその時、
私の入っていたトイレのドアが再び開き、中から人が出て来た。60代くらいの男性だった。
状況が理解出来なかった。
暗闇の中、私が用を足してる時に、このおじさんは同じ空間にいたのだ。
混沌の中、おじさんの顔を見るとスゴく臭そうな顔をしていた。
「やかましいわ!」とも言えず
恥ずかしさと恐怖で私は人生1番のダッシュで家に帰った。

Episode.25

「ロンドン五輪柔道女子78kg超級イダリス・オルティス」の巻

イダリス・オルティス。

1989年9月27日生まれのキューバ出身の女子柔道家で、5大会連続オリンピックに出場した伝説的な選手だ。身長173cm、体重102kgの彼女は、女子78kg超級で活躍し、オリンピックで金1個、銀2個、銅1個の計4つのメダルを獲得した。彼女の柔道界での偉大な功績は広く認められている。

私の尊敬する柔道家の1人。

この生きる伝説と戦った話です。

2011年TBS『炎の体育会TV』柔道対決の収録に、当時は北京五輪銅メダリストとしてオルティス選手はいた。オルティスはこれまで幾度となく日本人女子選手の前に立ちはだかる脅威であった。


そして今、その脅威は私の前にも立ちはだかった。


私も柔道を大学まで続けてきたので、女子選手とも練習をすることがあった。その中には日本代表の重量級の強化選手もいたので、今回の戦いの対策のイメージがしやすかった。

とは言うものの、大学を卒業してからは柔道はたまに仲間内とやるレベルだった。

試合まで1カ月半あったので、まずは試合の勘を取り戻そうと町の道場に入門した。入門のタイミングも良く区民大会に出場した。いきなり出場することに町道場の先生はビックリしていた。

結果は2位だった。舐めている訳ではないが、区民大会で負けていてはダメだ。

相手はオリンピック銅メダリスト。世界3位の女子だ。

なにしろ身体が全然動かない。高校、大学の財産は残っていない。残高不足。いや残っていたから2位になれたのかもしれない。でも、これではマズイ。ゆっくり体力を戻すなんて言ってらんない。

知り合いの柔道関係者のつてを使い高校や大学に出稽古に行った。

コテンパンにされる。そりゃそうだ。32歳。10年のブランクは否めない。

ランニングも毎日した。

相方のGOくん（柔道参段）と施設の柔道場を借りてオルティス対策もした。毎日筋肉痛だった。練習の動画を高校時代のコーチに送ってアドバイスをもらった。試合まで毎日オルティスのことを考えてイメージトレーニングをした。

そして試合当日を迎えた。

やれることはやった。

こっちの緊張感はお構いなしにキューバの選手たちは陽気で明るかった。

ウォーミングアップ中、クラブのような音楽をガンガン流しながら楽しそうに踊ったりしている。

通訳さんを通して「明日秋葉原に買い物に行くのが楽しみ」と伝えてきた。日本を満喫している様子だった。

「なるほど、この試合のことなんて眼中にない」、そういうことだな?

「やってやる！　日本に来たことを後悔させてやる」

なにしろ、この1カ月半凄く辛かった。
燃えていた。……はずだったが、何かおかしい。
オルティスを妙に意識していることに気づく。
(そりゃ、これから試合するんだから意識するだろ?)
いや、そういうんじゃない。
なんだろ? オルティスの仕草や言動に「キュン」とする感じは?
(恋だろ! なんで恋してんだよ)
わかった。1ケ月半オルティスのことをずっと考えていたからだ。
(そんなことってある?)
昔から意識すると好きになってしまうところがあった。
変わらないなぁ俺ってやつは。
いや、そんなこと言ってらんない。

いよいよ試合開始。
すでにオルティスからは先ほどの陽気さは消えて、勝負師の顔になっていた。私は自分の顔を手の平で3回叩いた。高校時代から試合前にやっているルーティーンだ。10年間忘れていたが、試合前になり自然とやっていた。

よし！　やってやる。

審判の「はじめ」。

共に右組。私は左手でオルティスの右袖を取りに行く。

袖を持てば、オルティスが私の襟を持てなくなる。

私は左手でオルティスの袖を持った、右手も使いしっかり左袖を握ることに成功した。

オルティスは袖を持たれるのを嫌い、私の袖を切りに来た。

残念だがここまでガッチリ持ったら、もう切れないぜ！

「ブッチン！」

オルティスが手を振り解くと、袖を握っていた私の手が簡単に解かれた。

ちょっと待て！　何そのパワー!?

そのまま私の襟を持った。もう片方の手でも襟を持った。ギューと両手で私を引き寄せた。

私は引き寄せられまいと必死に堪える。

なんてパワーだ！　今までの女子選手で感じたことのないパワーだった。

情けないが、力では勝てない。

だが組手は私の方が上手い。気がする。

それにオルティスはパワーに任せて組手を切るので袖をワザと強く握った。

オルティスが嫌がり、また大きく振りほどこうとする。

その時に力を緩め手を離す、オルティスの右手は大きく後ろにいく。

右手の襟を持っている私は低い一本背負いに入った。

押しつぶされ投げれはしなかった。

だが不意を突かれたオルティスは私が右襟を持つことに警戒しはじめてくれた。

右襟を持っている方に意識がいくので、左手の袖も切られづらくなる。

今度は左手でオルティスの襟を持つ。

右手でもその襟を持ち、片襟の背負い投げに入る。

巨体のオルティスの身体が浮く。背中の側面から畳に落ちた。

『体育会TV』では有効や技ありのポイントはないが、通常の試合だったら有効ぐらいにはなっていたと思う。場内は盛り上がった。

そこからオルティスの怒涛の攻めを食らう。

オルティスも焦ったのか、大技ばかりを狙って来た。

オルティス。言っておくが私は受けが強い。

中学、高校、大学と投げられて一本負けした経験がそうない。高校の練習試合で後のアテネ五輪100kg超級金メダリスト鈴木桂治選手に投げの型の見本のような内股で一本負けはあるが、公式戦ではない。

と、言うものの試合時間が3分あったら危なかった。特別ルールで2分だったので助かった。

二日酔いの朝のような顔で戦い抜いた。

試合終了の太鼓が鳴った。

審判の「それまで」。

私は判定勝利を収めた。

オルティスは笑顔で握手を求めてくれた。その後はにかむように悔しそうな顔をし、私の肩を軽くパンパンと叩いた。

私の勝因はオルティス対策を練りまくったことや私がどんな技をやるかオルティスは知らなかったこともあるが、1番はオルティスが油断していたことが大きかった。

きっともう一度戦ったら勝てないだろう。現にその後もオルティスとは2回戦って1敗1分だった。

(本当に勝ってないな!)


その1年後、ロンドン五輪決勝で日本の杉本美香選手を破りオルティスは金メダルを獲得した。

決勝戦、オルティスも杉本選手も両方応援するという貴重な体験をした。

そうなると、ラジオでは「オルティスは俺が育てた」「俺の技を完璧にものにした」「文通している」「試合の時お弁当を作って来てくれる」「お揃いのへそピアスをしている」など、好き勝手言わせてもらった。そんなことを言ってたからか「のりさんから見たオルティスと杉本美香選手の試合はいかがでしたか?」とスポーツ新聞から取材を申し込まれ焦った。

私には遠い異国の地に全力を尽くした戦友がいる。

1勝1敗1分。

日本とキューバまでの距離1万2千629㎞。

おいそれと会いにいける距離ではない。

でも、いつか決着を付けたい。


ある時、1度地下鉄に乗っていたらオルティスにばったり会ったことがある。

(そんなことあるのかよ！『君の名は。』の瀧くんと三葉もビックリだ！)

運命的な再会だ。

柔道グランドスラム東京に出場する為に来日していた。私のことを覚えてくれていて嬉しかった。私が道着を持っていなかったから再戦はなかった。

(電車の中はやめろ！)

2024年パリオリンピックにオルティスの姿があった。2回戦で敗退されたが見事な戦いっぷりだった。イダリス・オルティス34歳。柔道選手としてはベテランの域に達する。

どんどん若い選手が登場するなか、それでも彼女が現役を続けるのは、私との決着の為か？

(絶対に違う！)

Episode.26

「私のスーパーヒーロー」の巻

私のスーパーヒーロー古賀稔彦。

1992年バルセロナオリンピックで柔道男子71kg級の金メダリスト〝平成の三四郎〟。

選手としてはもちろん指導者としても活躍された。

2021年3月24日に53歳で亡くなられた。


1990年、全日本柔道選手権大会を柔道部の兄がテレビで見ていた。

それまで兄が柔道部というだけで、特に柔道に興味はなかった。たまたま見ていた柔道の試合だったが、大きな選手の中で小兵ながら勝ち進む選手がいた。

それが古賀稔彦選手だった。

古賀選手が試合をするたびに、首の後ろがゾワゾワし身体に力が入った。気が付けば「行け、行け、頑張れ古賀！」と応援していた。

全日本選手権は無差別級で争われる日本一強い柔道家を決める大会。

100kgを超える選手ばかりの中、当時71kg級の世界チャンピオン古賀選手が出場し重量級の選手を次々に破り、勝ち進んでいった。まさに「柔よく剛を制す」。古賀選手が技を掛けるたびに会場が沸いた。

私はテレビに齧り付いて見ていた。

決勝で待っていたのは、当時無差別級世界チャンピオン小川直也選手。

結果は「足車」で古賀選手の一本負けだった。負けた古賀選手が泣いていた。

後に古賀選手は「日本武道館の天井って、こうなってたんだ」と語る。

投げられて見上げた天井。負けた古賀選手が初めて見た景色だったのだろう。

本来の71kg級の枠を超え挑戦するスピリッツにも感動した。

負けた人がこんなにカッコよく見えたのは初めてだった。


俺も柔道がやりたい。

古賀稔彦みたいになりたい。

中学の柔道部入部まで待てない私は兄や友達と柔道ごっこをして体力をつけ『柔道部物語』を読んでモチベーションを上げた。

中学入学、待ちに待った「柔道部」に入部した。

初めて習う技は「背負い投げ」。

古賀選手の得意技だった。(正確には一本背負いだが)

一歩、古賀選手に近づいた気がして嬉しかった。

毎日毎日、柔道をするのが楽しかった。

私が中学2年の時に1992年バルセロナオリンピックが開催された!

古賀選手は大怪我を乗り越えて悲願の金メダルを獲得した。

ケガを感じさせない豪快な「一本背負い」「巴投げ」を決め、決勝戦の判定の瞬間。歓喜した!

初めて自分のこと以外で涙を流して喜んだかもしれない。

足のケガも、もちろん心配だったが、前回のソウルオリンピックでは、期待されながら柔道スタイルを研究され旧ソ連の選手に敗れ、3回戦で敗れていた。それにオリンピックには「魔物が住む」みたいなことを、柔道専門雑誌『近代柔道』に書いてあった。そんなことも、心配しながら応援した。中学生にしては「通」なオリンピックの見方をしていた。

田舎なので本屋がない為、駄菓子屋代わりに寄っていた商店のおじさんにお願いして『近代柔道』を取り寄せてもらっていた。友達には『近代柔道』で得た古賀選手の情報を、古参感出しまくりで知った口をたたきまくった。

私はますます柔道にハマっていった。

その甲斐もあって中学最後の県大会で個人戦で準優勝した。

中学から初めて県で2位、ミニーミニーミニーミニーミニーミニー小川直也だ。

(小川直也選手は高校から柔道を初めて19歳で世界チャンピオン)

もっと強くなりたい。

県下の強豪高校からスカウトが来た。

その高校に進学を決めた。

高校でもIKKOさんもビックリするくらい「背負い投げ」に打ちこんだ。

高校では中学の練習とは比べものにならなかった。

環境もレベルも違った。

寮生活も大変だったが古賀選手も中学から寮生活をしていた。(『近代柔道』情報)

ならば、これは「乗り越えなくてはならない試練」と思い耐えた。

1995年、千葉の幕張で開催される世界選手権にバルセロナオリンピック以降ケガで休養していた古賀選手が復帰する。1階級上げ78kg級に出場するのだ。

木更津から幕張まで電車で1時間。これは行くしかない。

どうやって練習をサボるか考えていた。なんと監督の粋な計らいで、部員全員で観に行くことになった。

やった！　遂に「生で古賀稔彦を見れる」。

あードキドキする。実家に連絡して母と兄と祖母に自慢した。

当日、自分の試合より緊張しながら観戦した。

古賀選手が試合会場に登場した。

みんなが注目しているのがわかる。

本当に古賀稔彦は実在した！

私のスーパーヒーローは静かに登場し、魔法のように華麗に相手を投げ、会場がどよめく中、綺麗な礼をして去っていった。

言葉を失った。

凄過ぎる！　凄過ぎるんですけど！

1番安くて遠い席だったが、そんなの関係なかった。

1試合1試合目に焼き付けた。

新しい必殺技「腰車」を見た時は両親の離婚より衝撃を受けた。

ブランクを感じさせない、見事な優勝だった。

またまた感化された私は死に物狂いで練習した。念願の千葉県チャンピオンになった。中学では準優勝だったが、高校では優勝することが出来た。この1つ上に行くのに随分と苦労した気がする。

私は「背負い投げ」しか練習してこなかった。

古賀選手に憧れて始めた背負い投げ。

自分の美学、生き様だった。どの試合も背負い投げで勝ち上がってきた。しかし県大会の決勝戦は「大外刈り」で一本勝ちした。

（美学どこ行った！）

よっぽど勝ちたかったのだろう。これも私の生き様だ。

敗れた相手も「ずるいなぁ」って顔で見ていた。

いやいや、それは知らんよ。

柔道推薦で大学に進学した。そこでもやっぱり背負い投げしか練習しない。

結果10年背負い投げ。一途な男だ。

大学はよく出稽古に行く。いや、高校もよく出稽古行ったな。

その日、警視庁で行われている練習は強化選手の合宿だった。

日本代表が集まっている。都内の大学柔道部もこぞって参加する。

そういう時は「元立ち練習」で行われる。

赤い帯を締めてる人（元立ち）に、駆け寄り選ばれた者が乱取り（試合形式の練習）を行う。時間になれば練習相手交代だが、元立ちの選手は続けてまた誰かを選び乱取りをする。元立ちはキツい。元立ちはもちろん強化選手。

この練習方法は元立ちに選ばれなければ練習しないで済むシステムなので、やる気のある選手は交代のブザーが鳴ったら元立ちに駆け寄る、やる気のない選手はブザーが鳴るちょっと前くらいからテーピングを巻き始めたり、自分から1番遠くの選手を目指して駆け寄ったりと、いくらでもサボれる。

事件が起こる！

そこに、まさかの古賀選手が登場した!!!!

ちょっと待ってくれ、今、私は同じ道場で、同じ畳の上にいる！

この興奮を想像出来るだろうか？

例えるなら「推しのアイドルと同じ湯船に入っているようなもんだ！」

古賀選手は元立ちではなかったが、ウォーミングアップで私と同じ大学の同級生が古賀選手に呼ばれ乱取りをしていた。

羨ましい。凄過ぎる。興奮する。

私は乱取りを終わった同級生の所に行き「すげーな」と話しかけ、同級生の道着の古賀選手が触った部分を触らせてもらった。

もっと凄いことが起きた。

古賀選手と吉田秀彦選手（バルセロナ五輪78kg級金メダル）が乱取りを始めた。

それを特別リングサイドで目の前で見れた。

その日、私は古賀選手の練習を見ていて一本も乱取りをしなかった。

きっとそんな大学生も多かったと思う。

本来なら元立ちでなくても、こんなチャンスはないので古賀選手に「お願いします」と胸を借りに行くべきなのだろうが、そんな恐れ多いことは出来なかった。それに古賀選手に「お願いします」とあたりに行った、私と同じ古参ミーハーであろう、どっかの大学生は言葉で言うと「ギッタンギッタン」にされていた。

当たり前だが強い。軽はずみに行くのは危険である。

新幹線を素手で止めるようなものだ。

憧れの人だが、命は大事だ。

鉄道ファンで言うと私は「撮り鉄」、ギッタンギッタンの彼は「乗り鉄」だ。

帰り道、古賀選手と乱取りをした同級生は質問責めだった。同級生はマウントをとって自慢気に話した。

同級生にとってもスーパーヒーローだった。あんな近くにいたのに話しかけることも出来ない。だから我々のスーパーヒーローなのだ。

帰ってからお母さんに自慢の電話をした。

「そんなことより、アンタ就職どうするの?」と現実に戻された。つれない母である。

親には言ってないが、柔道は大学で終わりにすると決めていた。

柔道という道に見切りをつけ、お笑いの道に進む。

柔道を続けるのであれば、柔道に力を入れている企業や公務員の道もあったかもしれない。

でも競技柔道はもう十分やった。

もう本当に悔いがない。

痛いし、辛いし、怖いし、周りもすげ〜強いし。

高校くらいはまだ良かった。

大学や実業団の人達相手に練習するのは大変だ。

社会人にまでなっては無理だ。

10年頑張ってきて上には上がいることを知った。

いや、実際はもっと前から気づいていた。

とうの昔に心は折れていた。

その折れた心をテーピングで補強しながら頑張って来た。

(柔道家は大体のケガをテーピングで補強出来る)

努力を当たり前のように続けられるヤツ、やられてもやられても立ち上がれるヤツ。そんな人達の集まり。無理して頑張って真似てきたけど、ここまでだ。柔道だけではないかもしれないが、強い人が続けていける競技なんです。

強い人は練習が楽なんですよ。

だって強いから。だから自分で追い込む。限界まで。それも大変だけど、絶対に弱いヤツの方が練習が辛い。弱いから。強いヤツにバンバン投げられて、引きずり回されて、それでも立ち上がって、食らいついていかなければならない。柔道って「投げる」から楽しくて、「投げられてばかり」だと何にも楽しくないし、ただただ辛い。

だから弱い人は中学で辞めて、強い人が高校でも続けている。また高校で弱かった人はやめて、強かった人が大学で続けてってなっていく。残っているのは強い人ばっかり。

同好会などは別にして、弱くて続けられる競技ではない。名門大学に白帯の人はいない。

柔道やっていた人が違うスポーツに行くことはあるが、違うスポーツから柔道を始める人はいない。

柔道はそんな競技。あくまで個人的見解ですが。

私は大学で弱かったからやめる。職業柔道までは行けなかった。

まっ、頑張った方だ。

柔道を知れば知るほど古賀稔彦の偉大さを知った。それは遠き険しい道だった。

古賀選手に憧れて始めた柔道だが、次第に柔道の魅力にハマり、強い先輩にもハマり、あー大変だった柔道。青春を捧げた柔道だったが意外に呆気なく引退をした。

新たにお笑いの道に進む。

〝人生は小説より奇なり〟。


お笑いを頑張っていたら、2013年5月4日TBS『炎の体育会TV』。

古賀稔彦先生と戦えることとなる。

マネージャーからの連絡で震えが止まらなかった。お笑い芸人になってみるものである。

柔道をあれだけ頑張っても遠い遠い存在だった古賀稔彦先生と試合が出来る。

山の登り方は1つじゃないとは言うが、色々な登り方があるもんだ。

試合まで3週間！　ひたすら走った。はっきり言って、3週間走ったからどうこうなるとは思ってない。

でも少しでも現役時代の自分に戻してあげたい。

柔道に青春を捧げた自分の為に。

小学校5年生の時の全日本選手権を見ていた自分に言ってあげたい。「将来この人と戦えるよ」と。

深夜のラジオ前に走って、ラジオ終わりにも走って、相方のGOと練習して出来る限りのことはした。

試合当日。TBSの会場に敷かれた畳で準備運動をしていた。

「どーも」。ニコニコの笑顔で古賀先生は現れた。

先生はブルーの道着を着ていた。（先生はブルーの道着の方が好きなのはもちろん知っていた）

（古賀選手から引退されて指導者になられたので「先生」と名称変更します）

「初めまして、オテンキのりと申します」

「昔、警視庁の練習で」とか、「幕張の世界選手権見てました」みたいなミーハーなことは言わない。

古賀先生は「小ボケ先生好きですよ」と言ってくれた。

わ、わたしみてぇな者を知って下さっている。

「あ、ありがとうございます！」

「ちょっと良い？」と私に組んで来た。

柔道は相手と組むと強さがわかる。不思議だが本当なのである。

古賀先生は「うん、うん」と頷いた。

私が「先生、自分も組ませて頂いてよろしいですか？」と言うと、先生はニコッと笑い「ダメダメ、本番を楽しみにしておいてよ」と組ませてくれなかった。私は「はい！　ありがとうございます」となぜかお礼を言った。

ウォーミングアップも終わり、収録会場に向かう。裏でスタンバイしていると古賀先生もいらっしゃった。

古賀先生「いや〜緊張するね」
私「いや、あんな大舞台で試合されてた先生でも緊張されるんですね?」
古賀先生「俺は緊張しいで、気も小さいのよ」
私「そんな訳ないじゃないですか!」
古賀先生「本当、本当」
私「じゃなんであんなに強いんですか!」
古賀「ん〜それ以上に負けず嫌いなんだよね。負けるくらいだったら緊張とかどうでも良くなっちゃう」
またニコッて笑った。

背中にツーと汗が落ちるのがわかった。

メチャクチャなこと言ってる。でもやっぱりカッコ良い。

いよいよ戦う時が来た。

ルールは試合時間2分。通常の柔道とは違い、一本負けしなければ私の勝ちとなる。有効、技ありを取られても良い。芸人側に有利なルール。何故なら逃げれば良い。(古賀先生相手に逃げるのも大変だが)しかし逃げて勝っても意味がない。

逃げて勝つ柔道なんてない。

古賀稔彦の何を見て来たんだって話だ。私は逃げない。

試合前に意気込みを聞かれた。

「生意気ですが逃げるつもりはありません」

（生意気だろ！　大生意気だ！）

言ってしまった。でも覚悟は決まった！

行ったことはないけど、オリンピックの決勝の気分だ。

開始線に並ぶ。

目の前に憧れ続けた古賀稔彦がいる。

私の方を見て立っている。

『炎の体育会TV』、実況の矢野武アナから紹介が始まった。

「さーいよいよ始まります。

小川直也との無差別級、全日本決勝に胸踊らせました。ケガを乗り越え金メダルを手にしたバルセロナ五輪を見て涙しました。古賀稔彦は青春そのものでした。オテンキのり。いや齊藤良徳参段」

俺の紹介かよ！　泣ける。そういえばインタビューされた。

やめてよ矢野さん。名実況過ぎるよ。泣いちゃうよ！　ダメだ後で泣こう。

よーしやってやる！

「はじめ！」

作戦は練ってきた。組んだらまず足技を入れて、小内刈り、それで右の背負いをかける。次にまた小内刈りを入れ、同じタイミングで逆の低い一本背負い。ここまでは何度もGOとシミュレーションした。

作戦が通じるとか、通じないではない。

これは古賀先生に対しての礼儀だ。

しかし事はそんなに上手く進まない。

柔道は相手と組み合い技をかけるスポーツだ。

それなのに先生の道着を掴めない。

スピードと体捌きが凄過ぎなのだ。

古賀先生は両手で私の道着を持ってるのに、私は組めない、掴めない。

そんなこと初めてだった。

私は組んでからのことを考えていたが、そこが違った。

甘く見ていた訳ではない。

多く見積もったつもりだった。

それなのに、こんなに違うのか！　世界チャンピオンってものは。

柔道の世界を諦めて良かった。

大学でやめて本当に正解だった。素直に思えた。頂が高過ぎる。

その時、伝家の宝刀「一本背負い」が襲いかかってきた。

これまた不思議な体験だった。

一本背負いが「来る」と思ったら、もう「来て」いた。

「来る」の「る」で、私を担いでいる。

早い！

「ドーン」と衝撃が全身を襲う。

必死に耐える。まだ終わらせたくない。

体重差28kgのおかげでなんとか助かった。

いや、いや、古賀先生ちょっと待って。なんですか、その背負い投げ。

時間は残り1分。

「逃げたくない」なんて、どの口が言ってんだ。

まだ何も出来てない。

足を払い、ようやく古賀先生の左の袖を持てた。

「ギッ、ギッ」もう切ろうとしている。

まだ右の襟を持てていない。

持たなくては技に入れない。

持ったらすぐ切られてしまう。「持ってから」では遅い。なので「持った瞬間」に「袖釣り込み腰」を掛ける。不十分であったが、意表をつかれた古賀先生がグラついた。

古賀先生の「あぶね」とビックリした表情が映し出され会場を沸かせた。

〝平成の三四郎〟の組手は更に厳しくなった。残り40秒を切った。

止まらない古賀先生の動き。

何が来る？　どうする？

古賀先生が動いた。「巴投げ」をかけてきた。

100㎏を超える私の身体が綺麗に宙に浮いた。半円を描き畳に舞う。

直前で身体を捻ね《ひね》り一本を免れた。

凄い巴投げだった。先生の繰り出す1つ1つの技に舌鼓を打ってしまう。

この喜びがわかるだろうか？

あの古賀稔彦が私を本気で倒しに来てくれている。

悪いが古賀先生、自分だってそんなに簡単に投げられる訳にはいかない。ずっとあなたに憧れてきたんです。

審判の「待て」がかかった。

開始線に戻る。

残り時間20秒。

技をかけれるチャンスはあと1回だろう。

きっと古賀先生もそう思っているだろう。

私が先に技をかけなくては。

「始め！」

私は前に出ていた。それを待っていたかのように、古賀先生は私を自分の方に引いた。しまった！　また一本背負いか？

急いで体重を後ろにかけた時に、古賀先生の右足が私の右足を刈っていた。

背負いはフェイントだった。

「小内刈り」。

全日本選手権で小川直也選手にも使った、この技も古賀稔彦の代名詞だ。

完全に裏をかかれた。

背中から見事に畳についた。

審判の「一本」の宣告。

試合は終わった。倒れている私に手を差し出して、力強く私を引っ張ってくれた。

「ありがとうございました」


ガッチリと握手をしてもらった。

幸せな時間だった。こんな幸せがあって良いのであろうか？

しかし強欲な私は楽屋に行きサインを貰いに行った。私は家から色紙を持ってきていた。（ちゃっかりしているな！）

すると古賀先生は快く承諾してくれたのだが「住所を教えて欲しい」と言われた。なんと後日、筆で書かれた立派なサインが届いた。宛名に「戦友　齊藤良徳殿」と添えられていた。律儀さと心遣いにまた尊敬した。それからご飯にも連れて行って頂いたり、私のラジオにも出演してくれた。本当に可愛がって下さった。

余談ですが、2018年12月10日に「欅坂46二期生、けやき坂46三期生の新メンバーのお見立て会」のMCをさせてもらった。

場所は『日本武道館』。

私が柔道を始めるきっかけとなるあの古賀稔彦選手と小川直也選手の伝説の全日本選手権が開催された場所だ。そんな『日本武道館』の舞台に競技は違えど初めて立った。自己紹介がてら一万人に向け渾身の一発ギャグを披露した。九段下駅のアナウンスが聞こえるほどの静寂に包まれた……。

私は天を仰いだ。目に入った天井を見て「日本武道館の天井ってこうなってるんだ」と古賀先生と同じことを思った。そのことを古賀先生に言ったら、「一緒にするな」と笑った。

オテンキのネタで、お寿司屋さんのコントがあるのだが、店主の私がお客に「握りっぺ」を出すボケがある。そのコントをテレビで見た古賀先生は連絡をくれて「あれを柔道部の先輩でやる人がいてさ〜、本当臭かったんだよ」とゲラゲラ笑っていた。「オテンキのお笑いは本当にくだらなくて良いよね」と言ってくれた。

古賀先生、相も変わらずぐだらないことを続けています。

「辛くて大変だった柔道が、今度はのりさんを助けてくれるよ。柔道を続けな」と言ってくれた。

古賀先生の言う通り、今も柔道を続けています。五段になりました。

もっともっと色々なことを教わりたかったです。

褒めてもらいたかったです。

本当にお世話になりました。

あなたは今でも私の青春です。

第4章

section 4

Episode.27

「デブを極めし者」の巻

松下電器（現Panasonic）の創業者、経営の神様・松下幸之助さんの言葉。

「出る杭は打たれるが、出過ぎた杭は打たれない」はご存知だろうか？

中途半端だったり、批判を恐れていては良い結果は得られないという、ビジネス界をはじめ、多くの場所で使われている名言だ。


ラジオのイベントの企画のためダイエットをすることになり、昨今テレビCMで話題の薬局で買える内臓脂肪減少薬『アライ』を購入するため薬剤師さんがいるドラックストアに行った。

すると薬剤師さんがお昼休みの為、買えなかった。

薬剤師さんは14時30分に戻ってくるとのこと、時計を見ると13時30分だった。

「1時間か〜」

時間を無駄にしてはと、服をクリーニングに出そうと家に戻り、服を持ってまた向かう。

途中、そのお店が「靴のクリーニング」を始めたことを思い出した。試してみようと、もう一度、家に取りに行く。

クリーニング屋さんも昼休憩だった。綺麗に時間を無駄にした。

猛暑の中、行ったり来たり何をしているのだろう？

14時30分には、まだまだ時間がある。

そんな時は、大盛り無料の定食屋さんに入り「唐揚げ定食」を食べて時間を潰すに限る。ふて腐れながら食べる「ふて唐揚げ」は格別な味だ♡

ふっ、デブが堂に入っている。

やはり時間を潰すには米だ！　コーヒーではない。

コメダ珈琲みたいな言い方をしちゃった。（因みにコメダ珈琲のエッグトーストも大好きだ）

腹が減っていたのか？　と聞かれれば、「減っているような気がする」程度だったが心配はない、私には『アライ』がある。

待ちに待った14時30分。

一直線に薬剤師さんの待機している売り場に向かう。まだ白衣を着ていなかった男性の薬剤師さんは慌てて白衣を着た。待ち焦がれていた私はまるで、夕飯の準備をしている母に話す子どものように話し始める。

薬剤師さん「アライは1ヶ月前から準備しなければ購入することができません」

はて、どういうことだ？

薬剤師さんによると、生活習慣の記録（食事内容・運動内容・腹囲・体重など）を事前に確認する必要がある為、購入の1ヶ月前から専用チェックシートへ記録しておかなければならないということだ。

良いでしょう、化粧品の『ドモホルンリンクル』も「初めての方にはお売り出来ません」が宣伝文句だし、このくらいしっかりしてくれている方が安心出来る。

「わかりました。お願いします」

薬剤師さんは私の「覚悟」を確認すると、『アライ』の説明を始めた。『アライ』は薬剤師さんがいる薬局・薬店で購入出来るが、事前の専用チェックシートの他に一定の条件を満たしていることが必要であると言う。

一定の条件？

私には不安はなかった。

何故か？

ご存知、筋金入りのデブだからだ。

胸を張って言うことではないが、腹の張っている歴が違う。

人生で食べることを我慢したことがない。

これ以上デブを語るのは野暮だ。


まず『アライ』を購入できる条件というのが、
○成人（18歳以上）であること。
私は45歳なので、問題なし。

◯腹囲（へその高さ）男性85ｃｍ以上・女性90ｃｍ以上。

はい、楽勝。愚問だ。

◯食事や運動などの生活習慣改善の取り組みを行っていること。

週に1、2回、子どもと柔道場に行き汗をかいている。ＯＫでしょう。

薬剤師さん「身長と体重も教えて下さい」

私「169センチ、116キロです！」

薬剤師さん「ちょっと待って下さい……」

何か表を見ている。

薬剤師さん「ダメですね。ＢＭＩが高過ぎます。売れません」

私「はい？」

ＢＭＩが高過ぎて売れない？


簡単に言うと、痩せる為の薬を太り過ぎていて売ってもらえないらしい。

私はデブの筋金を入れ過ぎてしまっていた。

「出てる腹は引っ込められるが、出過ぎた腹は引っ込められない」

名言が誕生した。

Episode.28

「辛さ3000倍カレーを食べた日」の巻

「辛さ3000倍カレー」ゾッとする言葉だ。

今から12年前、2012年11月15日。

自分がパーソナリティを務める文化放送『レコメン！』でリスナーに向けて「のり先輩が紹介してみた」的な企画で、色々なお店を紹介するコーナーがあった。「辛いカレーを出すお店」「失礼な店員がいるお店」「ハンバーガーの自動販売機でボタンを押すと自動販売機の中から手渡しされるお店」などだった。

私が期待していた「いやらしいお店」の紹介ではなかった。


「辛いカレーを出すお店」

辛いものは苦手である。新人ディレクターのA君とお店に向かう。

店主と打ち合わせを終えたA君は、私の元に戻るなり恐ろしいことを言った。

A君「のりさん、すいません。予算の都合で、3000倍までしか出来ないんですが、大丈夫ですか？」

どんな日本語だ！

「なんで3000倍なんだよ！」って私が怒ると思うかね!?

何に対する謝罪と心配だ！

あの孫悟空ですらフリーザ戦で界王拳20倍だぞ！

アンパンマンだって元気100倍だ。3000倍って！

緊張と不安と憂鬱の感情の波が、フラッグフットボールかのように入れ替わり立ち替わり私を襲ってきた。大雨の中、歯医者さんで順番を待っていたら、彼女からの別れ話のメールが来たような気分だ。

辛さ3000倍カレーに挑戦することになるとは……。

私はきっと前世で、神様にお供えした食べ物を食べてしまったか、解いてはいけない封印を解いてしまったのだろう。その罪を今世で償わなくてはならない時が来たのだ。

そうでなければ、3000倍カレーを食べることなんて人生でそうそうないであろう。

背中を丸め小さくなっている私に、店主の「お待たせしました」が突き刺さる。

「待ってねえよ!」と思わず言いそうになるほどの恐怖。

初対面した3000倍カレーは赤かった。別に照れている訳ではない。

見るからに辛そうだ……。


「えーい!　どうにでもなれ!」

一口、恐る恐る口に運ぶ。

出て来た言葉は、まさかの「旨っ」。

驚きだった!　メチャクチャ旨い!

A君「のりさん、どうですか?」

私「いや、美味しい。ビビって損した。これだったら、食べられ……ギャーーーーー!!」

舌の上で何かが燃えている。火事だ！　毛穴から汗が吹き出した！　スプリンクラーが発動した。

私「ちょ、ちょっとコレなんですか⁉」

店主「3000倍カレーです」

私「知ってるわ‼　これは放火ですよ。あ〜ヤバい！　実家の全焼を思い出す」

ゲラゲラと笑う2人。実に楽しそうだ。

食べる度に「君にはラジオの才能がない」と辛口ギャグをA君にぶつけ、「口の中が焦げ臭くなってきた」と言ってはリアクションをとっていた。私が「もうそろそろ良いんじゃないかな〜」と思っていた時、店主もそれを感じたのか、「やっぱりこういうロケって食べ切らずに終わるもんですよね？」と悲しそうな顔をした。

私の心に火が付いた。

どれだけ火を付ける1日だ！

私「他は知らないですけど、私は食べますよ。美味しいですから」

出された物を残すのは性に合わない。そんなことをしたらデブ失格だ。

旨いと言ったからには責任を持たなくてはいけない。

A君「のりさん無理しないほうが……」

いやいや、お前が言うな！

本当の戦いが始まった。

ギャーギャー言いながら半分くらい食べたが「やっぱりダメかなぁ～」と諦めかけたその時、店に貼っていた「完食成功」の貼り紙の中に、私の前任者パーソナリティの名前があった！

また私の心に火が付いた。大火事だ！　何故か？

「前任者も同じ番組でここに来て挑戦して成功している。絶対に負けられない！」ではなく「彼氏が元カノと来ていた店に、初めて来た感じで来た」に近い嫉妬だ。

今、考えればどうでも良いことだが、担当を変わって1年目の私には大きな問題だった。

しかも向こうは500倍。

「フッ……話にならぬわ」

そこからの私は『鬼滅の刃』で言うところの、兄弟子の「獪岳」が鬼になった責任をとり「元鳴柱の桑島慈悟郎（爺ちゃん）」が亡くなった手紙を読んだ「善逸」のように変わった。

刀をスプーンに持ち替え「霹靂一閃」の電光石火で口に運ぶ。

本来なら煉獄さんのように「旨い！　旨い！　旨い！」と食べたいところだがそんな余裕はない。

A君も「大丈夫ですか？」と水をジャブジャブ注いでくれる。

後にドラマを見て知ったが、水を飲めば飲むほど辛さは増すらしい。

実にA君らしい。あの野郎!!

しかし、もう私の舌は辛さを感じなくなっていた。

「カレーライス・ハイ」になった。その力を借りて私は完食した。

口の周り、食道、お腹の中まで熱かった。

店主の「完食おめでとうございます。凄いですね！」。

嬉しかった。

私「いや、美味しかったから食べられました」

これは本心だった。


「3000倍カレー完食！　オテンキのり」の張り紙。

張り紙に余白があったので、3000倍カレーを食べてダジャレを思いついた。

「あめはあめ〜。カレーはかれぇじゃないんかい！」と渾身のボケを伝えた。

後日、出来上がった貼り紙を見て後悔をした。

カレーライス・ハイは恐ろしい。


もっと恐ろしいのは、「便座は友達」と言わんばかりにトイレから出られなかった。

ケツから「太陽の欠片が出てるのか？」と思うほどケツが熱かった。

もっともっと恐ろしいのは、オシッコの時にも先っちょが熱く痛い。

恐るべき3000倍カレー。

トイレに行くたびに「アチチ、アッチ燃えてるんだろうか？」と郷ひろみさんもびっくりの『GOLD

FINGER'99』状態になる。

もっともっと恐ろしいのは、その日の夜、生放送だったこと。内臓という内臓がぐったりしているのがわかった。しかしカレーライス・ハイのおかげで楽しい放送となった……はず。

初めてトイレから生放送をお送りした。

なかなかな番組である。

みなさんも辛い食べ物を食べる時はお気をつけて。

焦らず2999倍くらいから初めてみて下さい。(テヘ)

Episode.29

「実家が全焼したことが1回だけある」の巻

ほら、私って実家が全焼したことあるじゃないですか。

(知らないよ!)

1回だけなんですけど。

(1回あれば十分だ)

なかなかパンチのあるエピソードだ。

原因は祖母の「天ぷらの油」の不始末だった。不幸中の幸い、家族はみんな無事で怪我人もいなかった。

家族全員が無事だったのなら、来年には笑い話だろう。

現に実家にいる兄に連絡をした時、
私「もしもしヨシノリだけど」

兄「おう、どうした? 何かあったか?」

私「いや、そっちだろ! 家燃えてるんだから」

2人「ガハハハ」

兄は笑い話にするスピードが早かった。

いや、流石に当日は早過ぎだろ!

でも暗いよりは全然良い。

しかし心配なのは祖母だった。

祖母はひどく落ち込んでいた。

日頃から「火の後始末だけは気をつけろ！」と「耳にクラーケン」が出来るほど口酸っぱく言っていた。

（タコ、デカいな！「耳にタコ」って生き物のタコじゃないから！）

祖母の呼びかけは壮大な「フリ」となってしまった。すでに東京で暮らしていた私は、実家に帰るため事務所に連絡をし事の成り行きを説明した。

マネージャーが凄く心配するので、安心させようと、「みんなには『火事手伝い』（家事手伝い）と言って下さいね♪」と言ったら、「……無理するな」と鬼スベッた。

火事騒動が落ち着いても、相変わらず元気のない祖母。親戚一同で「祖母を励ます会」を開くことになった。運の悪いことに、ズボラな母が幹事をすることに。悪い予感は的中。よりによって「天ぷら屋」を予約していた。まっ、明るさが取り柄の親族なので祖母以外は大盛り上がりだった。

（いや、祖母を励ます会だから）

祖母は食が進まないようだった。そりゃ、そうだろう。

しかし、天ぷらを残すのはもったいないので、私が食べようと箸を伸ばすと祖母は「海老」だけはしっかり食べていた。ちゃっかりしてる。

その後、ありがたいことに『爆笑レッドカーペット』（フジテレビ）の特番で元気のなくなった祖母を励ます企画をしてもらうことに！　まさかの祖母のテレビデビューだった。

祖母は東京に招待され浅草ビューホテルに泊まり、オテンキのコントを見たり、私の引く人力車に乗ったり、また天ぷらを食べたりと楽しそうだった。

（また天ぷら食べさせたのかい！）

祖母に笑顔が戻った。本当に良かった。

母から連絡があり放送をビデオに録画し、近所のおばあちゃん友達に嬉しそうに何度も見せていたらしい。調子に乗って友達に揚げ物を振る舞おうとしたが、それは止められたらしい。

Episode.30

「なんだかなぁ〜」の巻

「太っている者同士ってのは……

どういう理由か……

知らず知らずに競い合うんだ……」


『ジョジョの奇妙な冒険』

「スタンド使い同士ってのは……どういう理由か……正体を知らなくても……知らず知らずのうちに引き合うんだ……」みたいな言い方をさせてもらいましたが、自分が100キロを超えているからわかるのだが、太っている者同士は、街ですれ違う時、互いを確認しあう生き物なのだ。

「俺とアイツ、どっちが太ってるかなぁ？」「こいつより、俺の方が絶対に痩せている」などと比較する。

私クラスになると「あいつの方が汗かいてる」「こんなに寒いのに短パンだ！」「俺はご飯大盛りで終わったけど、あいつは2杯食べた」とハイレベルな所まできている。比べたところで、自分が太っている事実は変わらない。それでも一時の優越感を感じずにはいられない。

まぁ、他の太ってる人に聞いた訳ではないから、私の偏見ではあるのだけど。

(かなり強いバイアスだ！)


自称「ストイックなデブ」の私が、たまにジョギングをした時のこと。

私より大きい人に追い抜かれた。

早い！　やるな！　だが負けるか！
私は猛追する！
その人は公衆便所に入っていった……。
なんだかなぁ～。

Episode.31

「太っているとサービスしてもらうこともあるけど、罠もある」の巻

ほら、僕ってチェーン店より個人経営の定食屋さんが好きじゃないですか。（知らねーよ）

それは「今まで出会ったことのない味と出会えるから」ではなく、サービスをしてもらえるから。

実にセコい理由である。

現に中学、高校、大学と運動部だった私は個人経営のお店の方に「頑張ってね〜」「応援してるよ〜」とご飯を大盛りにしてもらったり、「良かったら食べて」と一品付けてくれたりとありがたいサービスをよく受けていた。

更に太っているとサービスを受ける確率はスーパーリーチくらい上がる。

「運動部」で「太っている」はお得である。それの最高位に「お相撲さん」がいるのだろう。

確かに私も体重100kgを超えてからサービスを受ける割合が更に上がった気がする。

お店のサービスではないが、電車に乗っていたら知らないおばあちゃんに「良かったら食べて」とオニギリをもらったこともある。

総武線に乗っていた時の話。車内に浴衣を着ているお相撲さんがたくさん乗っていた。きっと両国で巡業があるのだろう。電車に乗って来たおばさん2人組に「今日はなにかあるの？」と質問された。

いや、私は相撲取りじゃない。

両国で巡業があることと、私が相撲取りじゃないことを伝えた。

「頑張ってね」と「みかん」をもらった。

いや、だから相撲取りじゃない。ありがたく頂戴した。

ただ、良いことばかりではない。

昔、友達が「葛飾区」の「高砂」に住んでいた。バイクを買った私はツーリングがてら、友達に会いに行った。今みたいにケータイにナビがついていない時代だったので、地図を見ながら向かったが、道に迷ってしまった。

交番のお巡りさんに道を尋ねた。

私「すいません、高砂に行きたいのですけど」

お巡りさん「はい、え〜高砂部屋はですね」

私「部屋じゃなくて、高砂駅です」

むやみやたらに、100kgを超えるものではない。

ちなみに高砂部屋は墨田区にあることも教えてもらった。

だから部屋には行かない。

話がだいぶそれたが、25歳の時チラシ配りのアルバイトの昼休憩で初めて入った定食屋さんでの出来事。

店の大将はカウンターで新聞を広げて読んでいた。一方、女将さんはテレビを見ていた。店内にはお客さんの姿はなく、静かな時間が流れていた。私に気づいた女将さんは「どうぞお好きな席へ」と水を出した。大将も新聞を閉じ「いらっしゃい」と厨房へ入って行った。私は水を出してくれた女将さんにしっかりと「ありがとうございます」とお礼を言った。

私「すいません、注文よろしいでしょうか?」

女将さん「はい、どうぞ」

私「生姜焼き定食お願いします」とできる限り丁寧にお願いする。

もう始まっているのだ、「何かサービスしてもらえないかな作戦」が。

今回のポイントは2つ。

「最近の若い子にしてはしっかりしている」と「大盛りにしない」である。

すると気分を良くした女将さんが「お兄さん何かスポーツしてたの?」と話しかけて来た。

きた!

私「大学までは柔道をやっていましたけど、今はもう趣味でやるくらいです」

女将さん「うちの子も野球やっているのよ」

運動部話に花を咲かせた。

「はい、お待ち」生姜焼き定食が出来上がった。

店主「お兄さん食べるでしょ? ご飯大盛りにしておいたよ」

私「ありがとうございます!」

ご夫婦の優しさに感謝。ステキなご夫婦だ。

「凄く美味しいです」と舌鼓を打ちながら美味しさを楽しんだ。

「よし、午後もバイト頑張ろう」。お会計を支払うためにレジに向かう。

女将さん「ありがとうございます。生姜焼き定食のご飯大盛1050円です」

大盛？　サービスで大盛にしてくれたんじゃないのか？

私「あの大盛はサービスじゃないんですか？」

女将さん「大盛は＋100円です」

勝手に大盛にして、大盛分の金を取るのか!?

恐ろしいババァだ。ジジィを見ると私に背を向け新聞を読んでやがる。

上には上がいた。いや、私よりきたねーヤツらがいた。


ここ東京では生き残りをかけた熾烈な戦いが日夜繰り広げられる。勝者のみが未来を手にする。

食うか食われるかのこの世界。

（なんか、カッコよくまとめてるけど、そんなカッコ良いものではない）

Episode.32

「好きになったら止まらない。
ヤバい人」の巻

わたくし、オテンキのりは好きになったら止まらない男です。

もう好きになると、エロスの情熱に突き動かされ、毎日でも毎晩でも欲望のままに求め続けてしまう。

「大好物への食欲」を抑えられないんです。

あっ、好きな食べ物の話です。


トンカツ、ハンバーグ、鳥弁当、冷やしたぬき蕎麦、カツサンド、ナポリタン……。ハマった食べ物は数知れず。私の中のハマる時は「トンカツ」が好きではなく、そのお店の「トンカツ」にハマるパターンです。だから出会ってしまうと2日3日連続で同じお店に食べに行くのは当たり前。昼と夜2回お邪魔したりもする。ヤバいですよね。

そんな私が美味しいつけ麺と出会った時のお話。


文化放送のある浜松町駅に「つけ麺屋さん」がオープンした。

夕飯時というのもあるが行列が出来ていた。

私はラジオの本番前ということで500gを注文した。

(どういうこと？　500gで我慢したってこと?)

ヤバいですよね。

待ちに待った「つけ麺」が、ぶつけられたらケガしそうなデカい角煮を乗っけて登場した。

（食レポ下手だな！）

なんか麺もツヤツヤしてて甘味があり、つけ汁につけなくても美味かったし、角煮もガツーンってパンチがあって、汁も濃厚でとにかく良い感じだった。

（やっぱり下手だな！）

私は「うまい！　うまい！　うまい！」と手を休めることなく一気に食べた。

ここに鬼も倒さない、人も助けない、煉獄杏寿郎誕生の瞬間だった。

次の日ももちろんお店に行った。

「昨日の500gは食べ過ぎたな。生放送中にトイレ行ってしまったし、今日は400gにしておこう」

そして、次の日もまた行った。

「昨日の400gはやっぱり少なかったな。450gにしよう」

次の日は昼と夜にも行った。

良く言えば「一途」、悪く言えば「怖い」だ。毎週そんな感じで隙さえあれば店に通った。お腹が空いていなくても行ってしまう始末。スタッフにも心配され、流石に自分でもヤバいと思った。

こうなったら「荒療治」しかない。そのお店は1kgまでは大盛無料だった。その1kgを食べれば流石に飽きるだろう、と私は考えた。「飽きる」しか方法はない。

プロデューサーも心配だから付いて来てくれた。

私はつけ麺を注文した。

「1㎏お願いします」

厨房とカウンターのお客さんの注目が集まった。

店員さんが「大丈夫ですか?」と心配してくれたが、断固たる決意で臨んだ。

プロデューサーはつけ麺屋さんだが「ラーメン大盛」を注文した。

別に良い。別に良いのだが、ちょっと気になった。

いや、つけ麺1㎏に集中だ。

店員さんが厨房から「白いポンポン」を手に持ち登場した。1㎏に挑戦する私を応援してくれるのか?

いや、違う。1㎏のつけ麺だ! 目の前で見た「1㎏のつけ麺」はちょっとした山だ。厨房の湯気がその山にかかる雲のようにも見えた。

プロデューサーが「のりくん、ラーメン美味しいわ。餃子も頼もうかなぁ」と言っているのが気になったが集中だ。

「頂きます」。私の挑戦が始まった。

つけ麺1㎏という山登りだ。

5合目まで(500g)はいつも食べている量なので山はスキップで登っていった。

余裕である。全然いけるぞ!

しかし油断するな！　次からはまだ見ぬ6合目だ。

プロデューサーが「のりくん餃子も美味しいわ」と言って来たのが気になったが集中だ。

8合目に到達。大丈夫だ。全然美味しく食べれてるぞ。もう少しだ。

プロデューサー「俺もつけ麺注文しよ。500gお願いします」

私「………」

全集中しろ！　ダメだ。もう我慢出来ない。

私「ちょっと待って下さい！　まだ食うんですか？」

プロデューサー「うん。美味しくてさ」

プロデューサーの体重は私の半分くらいしかない50kg台だった。

店員さんの視線はプロデューサーに釘付けだった。

店員さん曰く「つけ麺1kgを今まで何人か食べる人は見ましたが、ラーメンとつけ麺ダブルで1kgと餃子まで食べる人は初めてです」。

主役交代じゃん！

俺の荒療治のはずじゃん！

なんか話変わってきちゃってるじゃん！

1kgのつけ麺を無事食べ終えたが達成感はなかった。

食べ終わった私に、プロデューサーの「のりくん凄いね〜」が人生で1番わかりやすい社交辞令だった。

もはや付き添いの私は、つけ麺を食べ終わるプロデューサーを待った。

「脱つけ麺荒療治」はプロデューサーの「美味しかったね～、また来よう」で幕を閉じた。

(おいおい！)

結局、私は次の日もつけ麺を食べに行っていた。

(おいおい！)

ヤバい人ばっかりのお話。

第5章

section 5

Episode.33

「『鵜の真似をする烏』と『パブロフの犬』」の巻

「鵜の真似をする烏」とは
自分の腕前をわきまえずに、人の真似をすると失敗するということ。
「パブロフの犬」とは
イヌに条件刺激（音）を与えてから、無条件刺激（エサ）を与えることを繰り返すと、音を聞いただけでよだれを垂らすようになる現象。

忘れもしない2024年3月30日。

「櫻坂46 SAKURAZAKA46 Live，AEON CARD with YOU！Vol．3」幕張メッセでの出来事。

イベントの名MCを司らせて頂いた。はんにゃの金田くんも一緒だった。イベントは無事に大成功。ライブを終えた櫻坂のみなさんのところへ挨拶に行った時に事件は起きた。

櫻坂のみなさんと集合写真を撮影する時、私と金田くんが前で横になった。（クラスのチャラついてる一軍のヤツがよくやるやつだ）浮かれていたわけではない。みんなが写真に収まる為にだ。いや、浮かれていたのかもしれない……。

集合写真の最前列で横になって写真を撮るなんて人生で初めてだった。しかも日本のトップアイドルと一緒に。人生で初めてのポーズ。知らず知らず身体に負担が掛かっていたのだろう。立ち上がった時に違和感があったが気にせずに。「お疲れ様、またね～」なんて言って金田くんと部屋を出た。

その時だ！　身体に力が入らない。

いや、力を入れているのに、下に引っ張られる。

それを我慢しようとすると痛い。

私「あれ？　痛い、痛い、痛い、ちょっとダメだ」

私はそのまま床に横たわってしまった。

金田くん「えっ。どうしました？」

私「力が入らない……」


櫻坂のスタッフさんや、ライブ会場に常駐している看護師さんまでたくさん集まってくれた。

看護師「どこが痛いですか？」

私「腰が痛いです……」

看護師「ギックリ腰ですね」

恥ずかしい。

数十秒前まで浮かれて写真撮っていたのに、ギックリ腰って。

金田くんのゲラゲラ笑う声が私を救ってくれた。

歩けなくなった私は、さっきまでライブを見ていたお客さんの前を車イスで通り過ぎた。

更に恥ずかしい。

「実は元々、今日ケガしてました」みたいな顔で通り過ぎた。

小さい男だ。

自分という人間をわきまえずに調子に乗り失敗する。

まさに「鵜の真似をする烏」だ。

100キロ超えてる人間が無理をしてはいけない。


それからしばらくは「腰が痛い痛い」期間を過ごす。病院の先生に「腰は安静にしておくのが1番」と言われた。1ヶ月半後に柔道の試合があった。柔道六段を取るためには出ないといけない高段者大会。今回は「やめておこう」と決めた。


そんな諦めモード全開だった時に、地元の中学の後輩（柔道部）が東京で接骨院をやっていたのを思い出した。何十年振りに会う後輩は「お久しぶりです。お元気ですか？」と出迎えてくれた。

「馬鹿野郎！　元気なら来ねえよ！」と痛がる私を見て嬉しそうだった。

中学の時は「おむすび」みたいだった後輩は、立派な院長になっていて私も嬉しかった。

診察が始まった。

後輩「これ痛いですか？」

私「痛い痛い痛い」

後輩「ここは?」
私「痛い痛い痛い」
後輩「これどうですか?」
私「痛い痛い痛い」
いくら痛いと言っても「我慢です♡」と手をやめない。
絶対に中学時代の仕返しだ。

だんだんと『北斗の拳』の「アミバ」に見えてきた。
いつ「ふむ、この秘孔ではないらしい」と言うかドキドキしていた。
スロットだったら高設定の期待度が上がるが接骨院ではそうはいかない。
後輩「ちょっと立ってみて下さい」
驚いた!
腰の痛みがなくなった。
トキだ。アミバじゃなくてトキだ。(『北斗の拳』知らない人はごめん)

東京で接骨院の院長として立派にやっているだけで嬉しかったのに、まさかの名医だった。嬉しい誤算だ。腰が痛くなる度に、後輩の接骨院に通った。後輩は必ず痛みを取り除いてくれた。

驚くことに、受付で後輩の顔を見ただけで腰の痛みがなくなった！

「パブロフの犬」状態だ。

おかげで柔道の試合にも出場出来ました。

「痩せるツボもありますよ?」と言ってきたが、私と同じような体型をしているので、それは断った。

Episode.34

「夜中のキャバクラ嬢からの電話」の巻

まだLINE電話もない、ガラケー全盛の時代、いや、ポケベルだったかな～？　もしかしたら伝書鳩を使っていた時代だったかも？　ってくらい、むか～し、むかしのお話です。

当然、私が奥さんと結婚する前、いや、お付き合いをする、ずっとずっと前のお話です。きっと……。


夜中の3時にキャバクラの女性から電話がかかってきた。

夜中にいきなりさ～♪「瑛人」の『香水』状態。

こんな夜中に一体!?

いや、なぜキャバクラ嬢のお姉さんが私の連絡先を？

ん～行ったような気もするし、凄く楽しかったような気もするし、凄くお金を使った気もするが、思い出せないな～。不思議なことがあるものだ。


女性「のりくんごめんね、寝てた？」

私「いや、起きてたけど……○○ちゃんどうしたの？」

何故、人は寝ていたのに「起きてた」と言うのだろう。

それより、何故私の名前を？

私も何故女性の名前を知っていたのか？　ん～不思議だ。

女性「この前はお店に来てくれてありがとうね」

私「いえいえ、とんでもない。こちらこそ楽しかったです♪」

おやおや？　これでは私がキャバクラに行って、凄く盛り上がっていたような言い方をしている。きっと、向こうが何か勘違いしているかもしれないし、こっちも記憶がないからしょうがない。きっと私は良い政治家になれる気がする。

女性「ちょっと、のりくんに相談があるんだけど……」

待ってました!!!

私は相談され好き！　いや、私だけではない、男はみんな相談されたいのだ！　特に女性に。その相談の答えで、「凄い〜」と思われたい！「そんな考え方あったんだ〜」とか、「のりくんに相談して良かった〜」とか思われたい生き物だ。特に「お笑い芸人」なんて生き方をしている者は、そこでサラリーマンと差をつけなくてはいけない。大事なプレゼンの場である。

「どうしたの？」

私は寝起きの夜中3時に出せる1番優しい「どうしたの？」を言った。

女性「のりくんお笑いやってるじゃん、凄い頑張ってるでしょ？」

私「うん、まぁ一応」

どっちの相談だ？　仕事系か？　恋愛系か？　将来どうしよう系か？
何にせよ、褒めて、何事も肯定すれば大体、大丈夫だ。
女性「実は私の友達の男の子で、お笑いやりたい子がいて。今、隣にいるんだけど……」
私「えっ？」
女性は、受話器を外して隣の男の人と喋り始めた。
女性「ほら、相談して良いってよ！　ほら、代わって」
男性「やっぱいいよ」
女性「アンタが相談したいって言ったんでしょ！　ほら、待ってるから、代わんなよ」
男性「いいってば」
女性「なんで、また逃げるの？　本当に口だけだよね」

世の中にこんな地獄があるのでしょうか？

女性「ごめん、のりくん、代わりたくないって」
私「……あぁ、じゃ……」

明かりの消えた真っ暗な部屋。時計の秒針だけが聞こえる。

これはきっと夢だ。
私は電話にも出ていない。
いや、夜中に目も覚めていない。
もちろんキャバクラにも行ってない。
変な夢を見たもんだ。

Episode.35

「恐怖の後輩天野くん」の巻

私の後輩にお笑いコンビ「甘味処」の「ちゃーはん天野」という男がいる。大好きな後輩の1人だ。大学までラグビーに励み、その恵まれた体格を活かし「お笑いプロレス」でも頑張っている。「ちゃーはん天野」という芸名は「チャーハン」が大好物で、「カレーの次にチャーハンが好き」だかららしい。「カレーの次かい！」とツッコミを入れてしまうが、本人はポカーン顔。ツッコんだら負けである。これは、ちゃーはん天野の得意技「ボケじゃなくてマジ」である。彼は「本気」なのである。

以前、私の誕生日を祝ってくれようとした時の話。

天野「のりさんの誕生日会をサプライズにしようと思うのですが、いつ空いてますか？」と聞かれた。

私「えっ?!」

それじゃ、サプライズじゃないだろと言いたいが相手は天野だ。

天野「○○さんと○○が来ます」

私「あ、ありがとう……」

天野「あとプレゼント○○買いました」

私「ありがとうね……」

天野「楽しみにしてて下さいね」

いや、全部言っちゃってるし。

ここまで言ってしまうということは、サプライズの意味をわかっていないのか？

計算された「ボケ」ではなく、「天然」寄りの「マジ」である。

これが「ちゃーはん天野」なのだ。恐ろしい。

私が好きなエピソードをもう1つ。

コロナ禍の時、ちゃーはん天野が「ガスコンロが壊れてカップラーメンも食べられない」とSNSに投稿していたので「たまには先輩らしいことをしてやるか」と、ネットでガスコンロを買って送ってあげた。すぐに連絡がきて「のりさんありがとうございます。本当に助かります」とお礼を言われ、「たまに良いことするのも悪くないな」なんて思ったりしていた。

それから4、5日経った頃、何気なく天野に電話した時にも「のりさん、ガスコンロ本当にありがとうございました」とまたお礼を言ってきた。

私「いいよ、そんなたいしたことじゃないよ。どうだ新しいコンロの調子は?」

天野「まだ使ってません!」

私「……そっか」

恐ろしい後輩だ。

この他にも「お腹の限界がわからなくて、食べ過ぎて店を出た瞬間に!」や「素人童貞天野くんと玄人プロ天野くん」等々、強烈エピソードは数えきれないが、長くなるので今回はこの辺で。

Episode.36

「美容系迷惑YouTuber
オテンキのり『俺を綺麗にして
みろ！』」の巻

2023年オテンキのりの「美容元年」がスタート。

（詳しくはオテンキのりYouTube「美容系迷惑YouTuber」をご覧下さい）

私は「VIO」の脱毛をしている。

「綺麗なデブ」を目指す私オテンキのりは、体重100キロ超え界隈では稀な美意識とカロリーが高い男だ。余談だが、私の美へのこだわりはVIO脱毛、シミ取り、ホクロ除去、眉毛アート、フォトフェイシャル、高濃度ビタミンC点滴、白玉点滴と、多岐にわたる。

（まず痩せろよ！）

美容系迷惑YouTuberオテンキのりに凸され「俺を綺麗にしてみろ！」と無理難題を押し付けられたクリニックのみなさま、ご迷惑をお掛けしました。（ラグラン銀座医院さん、表参道メディカルクリニックさんありがとうございます）

元が元だから大変だったと思います。

やかましいわ！

しかし、なんでも3日坊主だったり、5日角刈りだったりの私が美容に関しては続いている。

（なんだ5日角刈りって！）

「VIO脱毛」は痛みとの戦いなのにだ。体毛は濃い方ではないが、それでも痛い。VIOはそれだけ敏感部分なのだ。ドMで良かった。

そういう話ではない。

回を重ねるごとに成果が如実に表れ、自分が美しくなっていくのがわかる。

お風呂に入る前、鏡の前でうっとり、風呂から出たあとも鏡の前でうっとり。

「美とは罪」である。

（だから、まず痩せろよ）

美容とは心の癒しなのかもしれない。最近は男性のお客さんも増えているという。時代は変わったのだ。

ある時、知り合いの男性スタッフ（40代）が私に尋ねてきた。
スタッフ「のりさん、VIO脱毛してるんですよね？　自分もOの部分をやろうと思っていて、どんな感じか見せてくれないですか？」
私「しょうがないな～」
少し恥ずかしかったが、綺麗になった自分を見てもらいたい気持ちもあった。
ズボンとパンツを下ろし、腰を曲げ、自信満々にお尻を突き出す。
私「どう？　綺麗でしょ？」
スタッフ「のりさん……ケツの肉がスゴくて……溝が深過ぎて……あの、見えません！」
私「マジかよ！」
スタッフは私のケツの溝の深さにむせ込むほど大爆笑している。あんなに痛いの我慢してるのに、ケツの肉が凄くて見えないなんて！　ショックだ。

VIOも敏感だが、私の心はもっと敏感だ。

やかましい！

スタッフはまだ爆笑している。

「お尻の溝を浅くする美容ってあるのかなぁ？」

いや、痩せろよ！

Episode.37

「スピリチュアルヒーラーに『46歳で死ぬ』って言われて『オテンキのりまさか46』です！」の巻

「46歳で死にますね！」

そう言われたのは私が26歳の時だった。

なかなかショッキングな発言だ。


私にそう言ったのは医者ではなく、「オーラ」が見えるというスピリチュアルヒーラー（霊視能力者）のAさん。Aさんは元お笑い芸人で、昔からお笑いライブでも一緒になっている人だった。Aさん曰く、オーラは人によって色が違い、特性も変わるとのこと。半信半疑だったが、仕事の待ち時間に私のオーラも見てくれた。

当時の私はパチスロ『北斗の拳』にハマっていた。

そのスロットは大当たりを引いた後、バトルボーナス開始時のケンシロウのオーラの色によって継続率が変わる。なので、自分のオーラの特性などはどうでもよかった。スロットの継続率の高い「レインボー」か「赤」、最悪でも「緑」と継続率の高いオーラの色を願っていた。そう、私にとって大事なのは継続率なのだ！


Aさんは私の全身と頭の上の方を凝視した。

Aさん「のりさんは……黄色です」

私「黄色?! マジか～（黄色は継続率が低い）どうりで連チャンしない訳だ……ちなみに今日出る台とか

わかる？」
Aさん「わからないよ」
私「わからないのかよ！　じゃ、何わかるの？」
Aさん「寿命とかわかりますよ」
私「寿命？」
Aさん「そう、いつ死ぬとかわかるよ」
私「じゃ、俺いつ死にます？」
Aさん「良いの？　そんな簡単に言って？」
私「はい。全然大丈夫です。」
正直、信じていない。
そりゃ、芸人時代にオーラが見えるなんて言ってなかったのに、急に実は「オーラが見える」って言われても信じようがない。更に言えば、Aさんが組んでいたコンビも面白いとはいいがたい、仲も悪くてケンカ別れしていた。しかも、今日出る台もわからない。そんな人が寿命なんて当てられる訳がない。
私は、前日2万負けて機嫌が悪かった。
最低だな！
Aさんはまた、私の身体全体とちょっと上のほうを凝視しだした。

Aさん「のりさんは……46歳で死にますね」

私「46?」

早いな!!!

信じてないとは言え、まさか46歳とは。人生には「まさか」という坂もあるとは言うが早いな。

「オテンキのりまさか46」

坂道グループみたいな言い方するな!(当時まだ坂道グループはなかったが)

私「あと何わかる?」

Aさん「なんでもわかりますよ。のりさんのエッチがどんなとか、チンチンの大きさとか」

私「マジで? ウソだ! 言ってみてよ!」

Aさん「のりさんはエッチは下手くそで、自分勝手ですぐ、終わってしまう。チンチンも小さいです」

ど、どうしよう……、

メチャクチャ当たってる。

まっ、そんな訳で、いよいよ来年2025年、46歳!

緊張感を持って過ごします。押忍!

Episode.38

「ドッキリでも、ヤラセでもない。ガチ」の巻

ある番組に出演させてもらった時のこと。

内容はドッキリの仕掛け人役だった。ちょっぴり緊張気味に集合場所に向かう。現場に到着。何かピリピリとした雰囲気が漂っていた。

ディレクターさんに挨拶をした。「オテンキと申します。よろしくお願いします」。

ディレクターは一度こちらを見てはっきりとシカトをした。

ビックリしてメンバー同士で目を合わせた。イラっとすることはなく「今どきこんな人がいるんだなぁ」と驚きの方が強かった。近くにいたADさんが「よろしくお願いします。こちらで着替えてお待ち下さい」と親切に対応してくれた。

私達が着替えてる最中にも「バカヤローなにやってんだよ！」「しっかりやれよボケ」など罵声が飛んでいた。ディレクターの罵声が飛ぶたびに、メンバー同士で目を合わせ「まぁまぁ」とモチベーションを下げないようにした。

いよいよ私達の出番。

僕らは販売の従業員に扮し、頼まれた食事に「ご一緒にショートコントもいかがですか？」と一般のお客さんに勧めるミッションを行っていた。お客さんは「？」とキョトンとなる人や、恐る恐る注文してくれる人もいた。披露したショートコントもウケて無事収録終了。実に平和なドッキリだった。

よし、帰ろう！

我々は急いで楽屋で着替える。その時も相変わらずディレクターは罵声をあげていた。

「テメーいい加減にしろよ！」

今まで聞いたことのない声の罵声が聞こえた。

先程まで私達に親切にしてくれていたＡＤさんの声だった。

ＡＤさんが遂にキレたのだ！　廊下でディレクターとＡＤさんが揉め始めた。

私はすぐにピンときた。

そういうことか！

これがドッキリだ！

「スタッフ同士が揉めたら芸人はどうするか？」だ！

私達は「えー！」「なに？」「どうする？」など自分達の部屋で廊下から聞こえる罵声にオーバーに怯えた。案の定、廊下から私達のいる部屋に2人は入ってきた！

仕掛け人の2人は肩を組みながらニコニコの笑顔で現れる……あれ？

ディレクターのメガネが割れて、服はビリビリ、顔からは血が出ていた。

マジだった……おいおい！

関係者や警備員さんも来て2人を止めたが、その収録はお蔵入りになった。

「ドッキリ」ではなく、「ガッカリ」だった。

Episode.39

「エロの金字塔！ はだかいっかん」の巻

私が名MCを務めているYouTube番組『はだかいっかん!』は、毎回セクシー女優をゲストに招いて、パーソナルな部分や撮影の裏話、赤裸々なエロ逸話、ドエロ武勇伝など、多岐にわたって知ることが出来るエッチ界の『A-Studio』だ。

作品を見ているだけでは決して伝わらない女優たちの魅力に迫っている。

エロとロマンスをインテグレートした、ちょっと過激な「エロマンス」な番組だけに、家族や恋人にバレることを恐れて登録していない隠れ視聴者も多い中、なんと登録者数は23万人(2024年12月現在)! YouTubeから「銀の盾」も頂いている。

現在は一緒にMCをしているMINAMOちゃんがゲストで来た「令和の巨乳美女MINAMO降臨」の回は272万回再生を記録した。

漫画『僕のヒーローアカデミア』で、「トップヒーローは学生時代から逸話を残している……」というセリフがある。これは現実世界でも同じだ。松井秀喜の「5打席連続敬遠」、松坂大輔の「夏の甲子園伝説」、キングカズの第一志望高校「ブラジル」などがその例だ。

もちろん、セクシービデオ業界でも同じことが言える。

学生時代、野球部のマネージャーだったMINAMOちゃん。

4番サードと8番キャッチャーとの三角関係によって、弱い野球部が更に弱くなった。献身的なマネージャーMINAMOは部室で扇情的な1on1ミーティングも実施した。

エッチの軍配はキャッチャーに上がった。

「キャッチャーだけに、リードが上手い」と綺麗なオチまで決めた。

そしてもう一人のMC、小島みなみちゃん。

高校時代のモテ伝説もすごい。サッカー部10人と付き合い、彼氏を途中交代しまくった挙句、全員を振った。漫画『シュート!』の久保嘉晴の伝説の11人抜き（ゴールトゥゴール）と並び、私の記憶に一生残るだろう。

11人で行うサッカーで、付き合ったのは10人。1人だけセレクションに参加できなかった彼は何を思うか?

「10人目が別れ、やっとオレの番だ」と期待しただろう。

「パス!　パス!　パス」と何度も仲間に叫んだだろう。

「マイボ、マイボ（マイボール）」と小島さんにアピールもしただろう……。

もし私だったらと思うと……。

まあ、サッカー部嫌いだからどうでもいいか♡

驚いたのは、付き合った10人中、エッチに辿り着いたのは2人だけという厳しい代表争いだ。

そんな小悪魔2人と楽しくやっている番組だがゲストの逸話も凄まじい。

「渋谷に行列が出来た3桁越え伝説の超恋愛体質（自主規制）な女の子」、「海を越えマサイ族とのエッチ」、

「元アイドルの裏話」、「死ぬかと思った撮影」、「親子コンパニオン」、「ヒール込み194センチ美女」、「ギャルVS老人」などあらゆるジャンルの方が来てくれているが、私が密かに楽しみにしている収録は「人妻女優さん」ゲスト回。

今まで多くの人妻女優さんが来てくれているが、彼女たちの気遣いや配慮、思いやりが溢れるサービス精神満載のトークは極上である。元CAの42歳人妻女優さんが夫婦生活のエピソードで、旦那さんを交えた「3人グループエッチ経験」の話をした。

私「えっ、旦那を交えた?」

人妻女優「さて問題です。男2女1でしょうか? 男1女2でどっちでしょうか?」

いや、ちょいと待って! 問題はそこじゃない。

1つ目の「?」が解決してないよ。

凄いでしょ? このサービス精神。(いや、サービス精神なのか?)

正解は「両方ある」。

どんな答えだ!

サービス精神山盛りだ。

因みにその女優さんが42歳でデビューするきっかけは「旦那の浮気」への仕返しだった。

夫婦内に複雑なルールがあるんだな!

もう1つ忘れられないのは義務教育期間中に300人斬りを果たした現在3人のお子さんがいらっしゃ

る人妻女優さんの話。AVデビューしたいことを旦那さんに話すと、「身体を売って家族を支えることの何が恥ずかしいんだ」と応援されたという。「どういう応援!?」と正直、感動すべきか、爆笑すべきか迷ったが、ご夫婦はデビュー後も毎日エッチをされるほど仲良しだという。なんとデカい旦那さんだ。

自分がいかに「無知の知」であることを知る。

ソクラテスの気持ちが今ならわかる。

ちなみに個人的に私が一番驚いたのは収録中に「のりさんお久しぶりです。私のこと覚えてますか?」と言われた時のこと。当然やましいことなどない。でも、その瞬間顔がスポンジボブみたいになった。

恐る恐る尋ねてみると、なんと私のラジオを昔から聴いてくれていて、イベントにも参加してくれた子だった。私の写真やサインを持っていてくれた。その彼女はリスナーから立派なセクシー女優になっていた。

万感の思いが駆け巡った。

目を輝かせながら「自分らしく生きています」と言った彼女が見せた笑顔を見て胸がすく思いだった。

収録後すぐに作品を購入した。

Episode.40

「旦那さんが中国人、奥様が日本人の結婚式の余興」の巻

22歳からお笑い芸人をやっていると、色々なことをやらせて頂く機会がある。

その中でも忘れられない結婚式の余興がある。

結婚式の余興はお笑い芸人はよく行かせて頂いたりするのですが、今回は旦那さんが中国人、奥様が日本人というご夫婦の結婚式だった。

一番のネックは言葉の壁である。会場の半分は中国の方だったので、日本語がわからない方の為に、通訳さんに説明を入れてもらいながらネタをすることになった。

初めての体験だ。

それにしてもよく私達を呼んでくれた。

大事な門出に我々を呼んでくれた新郎新婦の為にも頑張らなくてはならない。

「小ボケ先生」と言うコントを披露した。

小ボケ先生（私）が登場して「私の方からお話が1つあります」（指を2にする）。

ここで通訳が入る。

そして、ツッコミが「指2だよ」。

ここでまた通訳が入る。

私「はい先生に注目」（股間を指差す）。

ここで通訳。

ツッコミ「どこ注目させてんだよ」。

ここで通訳。

私「すいません昨日の今日なんで」。

通訳。

ツッコミ「昨日何があったんだよ」。

通訳。

非常にやりづらい。

しかし、ウケる。バカウケだった。きっと通訳さんの腕もスゴく良いのだろう。

日本語のボケで日本人の方が笑い、通訳さんを通すと中国人の方が笑うという、ある意味二度おいしい。

オテンキの「世界進出」が見えた瞬間だった。

しかし、ウケないボケもあった……。急にスベるのでビックリする。

通訳さんが訳しても笑いが来ない、この時が大変だった。

私は通訳さんと言葉が被らないようにしているので、通訳さんの話し終わりを「笑い声」が教えてくれていた。「笑い声」を頼りに次に進んでいるので、スベるといつ次に行くべきかわからなくなる。「まだ通訳の途中か？」「それともスベったのか？」を探らないといけない。

つまりそれは、長い沈黙を待つことになる。

「間だの、テンポだの言ってられない戦いだった」

しかしその時、通訳さんが機転を利かせて、スベった時だけ「通訳終わったよ」の合図を「顔」で教えてくれるようになった。それは「西陽がさして眩しい時のような顔」だった。まるで「ウケなかったゴメン」と言っているように見えた。

「西陽がさしたら次に行く」

これは私と通訳さんの絆だった。おかげでテンポよくネタを進められた。

そして最後のオチで私は奇跡を見た。

私「青春って良いですね〜。良いですか皆さん、先生の好きな言葉にこんな言葉がある……おっぱい」

バカウケだった。

何が凄いって、通訳を入れる前に中国の皆さんが笑っていた。

通訳さんも通訳せずに笑っていた。

おっぱいの偉大さを知った。

Episode.41

「新メンバー加入」の巻

2024年10月1日「オテンキ」に新メンバー「しんのすけ」が加入しトリオとなった。

出会ったのは私が26歳、しんのすけは23歳で、約20年が経つ。事務所も一緒だったし、仲の良い芸人「モダンタイムス」「や団」などと主催した「左ハンドル」というライブに「ハッピーエンド」(当時のしんのすけのコンビ)も誘ったのが出会いだった。若くて初々しい2人は事務所ライブでも人気があった。

しんのすけは「イケメン」だった。

お客さんを増やすためだけに左ハンドルライブ「首脳会談」で「ハッピーエンド」を誘った。この当時からイケメン嫌いな私だったが集客の為ならしょうがない、とOKを出した。話してみると良いヤツで、よく人に気を遣い、イケメンを鼻にかけない珍しいタイプだった。

それをしんのすけに尋ねると「いや、イケメンって普通にしていても先輩にひがまれて、結構やられて来たので気をつけてます」と言った。根っからの良いヤツではない。

それから事務所が変わったりする者、グループを解散した者、芸人を辞める者など色々あったが2006年から2011年位まで左ハンドルライブをやっていた。それから「左ハンドル」メンバーとは仕事やライブなどでも一緒になることはあったが、「左ハンドルライブ楽しかったね〜」と過去の良き思い出となっていた。

2021年9月に私のケータイが鳴った。

電話の相手は「ハッピーエンド」の「しんのすけ」ではない方「ゆずき」だった。

ゆずき「のりさん、また左ハンドルライブをやりたいんですけど」

私「どうしたの？」

ゆずき「いや、この前、左ハンドルのメンバーの人達と会った時に、〝またやりたいね〟ってなり、それに今の自分に必要なのは左ハンドルなんです」

私「わかった。GOが良いと言ったら良いよ」と電話を切った。

熱いものが込み上げてきた。誘ってもらったのも嬉しかったが、ゆずきの熱さに感動した。しんのすけにはない熱い魂だ！

オテンキもツッコミの江波戸が抜けてGOと2人で新たにスタートをする時だった。10年振りに「左ハンドル」ライブを復活することになった。「モダンタイムス」「や団」「ハッピーエンド」「オテンキ」と初期のメンバーがお笑いを続けているのも凄いことだが、ライブをまた復活するのも珍しいことだ。

左ハンドルライブがリスタートした半年後「ハッピーエンド」は解散した！

なんでだよ！　突然のバッドエンドにビックリした。

みんな色々ある。自分達で決めたことだ。しょうがない。ゆずきは左ハンドルを去っていった。

今現在2024年も左ハンドルライブを続けているのは間違いなく「ゆずき」のおかげである。

「ゆずき」の熱がなければ、みんな集まらなかっただろう。

ありがとう。

そして、左ハンドルに「しんのすけ」は残った。

なんでだよ！　お前が残るんかい！　だった。

彼が残る理由は「左ハンドル」が楽しいから。それだけだった。

コンビを解散すると大体、燻ったり、すれたりしてしまうものなのだが、オープニングのMCと企画コーナーを楽しそうにしている。そんな健気なしんのすけを見て、オテンキは自分達のネタと、しんのすけとユニットで「しんのすけとオテンキ」の3人でもネタをするようになった。

「しんのすけを腐らせてはいけない」という企画から始まったのだが、しんのすけの為だけではなく私とGOは2人とも「ボケ」なので「ツッコミ」を入れたネタも私は楽しかった。

しんのすけは事務所の先輩とコンビを組み直した時もあったのだが、また解散してしまった。

今度は事務所も辞めた。

いよいよ、お笑いを辞めるのか？と思ったら「左ハンドル」は続ける。「僕は左ハンドル所属です」と、訳がわからないことを言い出した。

とりあえず「左ハンドル」に対する熱は確かだった。

2024年の「オテンキ」のキングオブコントの1回戦の前日、「明日頑張って下さい」としんのすけからLINEが来た。

私は「良いよ」と返信した。

しんのすけ「何が良いんですか！」

2回戦も同じように「明日頑張って下さい」と連絡が来た。

私はまた「良いよ」と返信した。

しんのすけ「だから、何が良いんですか?!」

準々決勝の日は連絡が来なかった。

何故準々決勝の前には連絡くれなかったかを後に聞いた。

「準決勝まで行っちゃったら組んでもらえなくなると思って連絡しなかったです」

正直なヤツである。

本人曰く、コンビも解散して事務所も辞めてお笑いを辞めようかどうしようかと考えていた。

親にも「40過ぎてるんだから、ちゃんとしなさい」とも言われていた。

「ちゃんとしなければ」と出した答えが「オテンキ入り」だった。

イカれている。ご両親は納得したのか?

左ハンドルライブのオープニングでしんのすけは「なんでキングオブコントはユニット参加OKなのに僕と出てくれなかったんですか!　ずっとユニットをやって来たでしょ」と言った時の私達2人の顔を見て「行ける」と思ったらしい。

図々しくも泥臭い、元イケメンが痛々しいところもありますが、しんのすけくんをよろしくお願いします。ちなみにしんのすけは貴重面な一面があり、個室ビデオに行った時は自分で出したゴミはしっかり持って帰り、自宅で捨てるタイプらしい。

それが几帳面かどうかは置いといて、それも含めてよろしくお願いします。

Episode.42

「出演することがすでに決まっていたドラマ!?」の巻

2017年4月クール土曜10時放送のドラマ『ボク、運命の人です。』（日本テレビ）に私オテンキのりが出演させて頂いた。

オテンキのり初のドラマ出演。

あの亀梨くんと山Pが出てる恋愛ラブコメディにヒロイン役で出演する。

（なんでだよ！　何があったらそうなるんだ！）

亀梨くんの同僚でウェルカムウォーター社に勤務する木幡渡造（こわたわたぞう）役。

なんと毎週台詞もあったりする。大役だ！

そうですよね？「なんでお前みたいな野郎がドラマに？」ですよね。

「どんな汚い手を使った？」ってみなさん思うでしょうが、オーディションを受けて合格しました。

ただ「受かることはすでに決まっていた！」ような不思議なお話です。


私がやっていたラジオ番組の年始の放送に有名な占い師さんがゲストでいらっしゃった。そこで2017年のオテンキのりの運勢を占ってみようということになった。私は占いは、良いことは信じるけど、悪いことは信じないレベルで熱心な方ではない。

「今年のりさんは今までやったことない仕事をします。春くらいですかね」

その時は、「春ね〜、やったことない仕事なんていっぱいあるしなぁ〜」ぐらいにしか思っていなかった。すると事務所からドラマのオーディションの連絡が来た。

「ドラマのオーディション？」こんなの初めてだなぁ。

「初めての仕事？」いやいや、まさか。

今までお笑い番組のオーディションやCMのオーディションなどは受けたことはあったがドラマのオーディションは初めてであった。


会場に着くと、役者さんがたくさんいた。何組かで分けられグループで芝居をする。知らない人と役を変えながら、何回か演技をする。普段のお笑いの仕事とは違う「新鮮な感覚」ではなく、「慣れない作業で、お相手の方にご迷惑をかけないようにしないと」という気持ちの方が大きかった。

とは言うものの、私なんかが演技で勝負したってたかが知れてる。せっかく来たんだし、前言撤回で「オテンキのり」をぶちかますことにした。

「他人の迷惑かえりみず」

うちの父親も良く言っていた。いや、言われていたの間違いか。演技なんて出来ない、お笑い芸人だし笑いを取りにいこう。呼んだのはそっちだ。

（ひどい開き直りだ！）

オーディションが始まった。

自己紹介から。

「浅井企画から来ました、お笑い芸人オテンキのりことオテンキのりです。私の趣味は（空手の正拳突きの動きをしながら）ハア！　ハア！　ハアー！　卓球です。スゴく良いヤツなんでよろしくお願いします」

見ている脚本家の方が笑っているのが見えた。
これで良い。これで思い残すことはない。
（いや、自己紹介で満足するかよ！　大事な演技が残ってるだろ！）
説明が難しいが、演技の方もオテンキのり全開の、のりっぽさ満開でお送りした。
（簡単な説明だな！）
スタッフさん「1次審査通過者を発表します」
2次審査もあるんかい！
流石ドラマのオーディションだ。
「オテンキのりさん」
名前を呼ばれた。
マジか！　あれで良いのか？
私なんかが、良いんですか？
はっ?!　もしかして、これか？
これが「やったことない仕事をする」ってやつか？
そうだよな。じゃないと受かるわけないよな。

あの占い師の人こそ「運命の人」だ！

そうとなれば、2次審査も楽勝だ！　今になって思えば、そう思うことで緊張を和らげていたのだと思う。

2次審査は「お題と役を与えられて即興でお芝居をする」だった。台詞も決まってない分こっちの方が好きだ。2次審査は審査員の人も増えていた。

また自己紹介から、

「お笑い芸人オテンキのり改めオテンキのりです。私の趣味は（ボーリングの動きをしながら）読書です。スゴく良いヤツなんでよろしくお願いします」


ウケた。これは決まったな！

（いや、自己紹介だから）

即興芝居が始まったら、ボケが出てくる出てくる。普段からボケていて良かった♡

一緒に演技をした役者さんから「即興上手ですね〜」と言われ「いや〜とんでもないです」と良い気になった。上手なわけない、ただボケていただけだから。

2次審査の結果は後日事務所に送られて来た。

結果は合格。「やった〜！」である。「初めてのドラマだ〜」

しかし、なんか引っかかる。

多分、私は占いに影響されやすいタイプだ。

今回のオーディションも占いで「初めてやる仕事」と結びつけて「これのことだ!」と思い込み、伸びと伸びとオーディションを受けられて合格出来たのだろう。なら良かったじゃん!　ってなるのだけど、そうなると「占いってスゴいね」ってことになる。

私は自分が褒められたいタイプなので、自分が頑張った分なんかはどっかに行ってしまう。そうなると嬉しさが減少して、占いに感謝し重きを置き過ぎてしまう気がした。あとバカだから、全部占いに任せて何も考えなくなりそうだ。

私は全て自分の手柄にしたいタイプなので、当たる占いはしない方が良い気がする。

何故私は占いに対してこんなナーバスに考えてしまうのか?

ひょっとして昔、母親が変な占い師に騙されてお金を騙し取られた影響かも?

(それだろ!　最後重いの入れて来たな!)

Episode.43

「深海魚ヌタウナギの神秘」の巻

ＴＶのロケで深海魚を捕まえる仕事をさせてもらった。

朝早くから夕方まで漁に出て、夜は帯でラジオの生放送をしているので東京に帰る。また朝早く漁に出るという過酷なローテーションが2ヶ月続いた。

疲労の色は隠せない。自慢のお肌もボロボロだ。

しかし、そんな時、奇跡の出会いをした。「ヌタウナギ」だ！

（ヌタウナギとは無顎類で、体を覆う強力な粘液と細長い形状が特徴的な、深海に生息する生物）

ヌタウナギが仕掛けにかかっていた。

船長さんが「ヌタウナギのネバネバは肌がキレイになるんだよ」。

じゃあやってみようと、相方に採れたてのヌタウナギの一番搾りを顔に塗られた。マットがないのが残念なくらいの天然の上質なローションであった。

その日の夜、コンビニで買い物をしている時にタバコも購入した。

私「あと26番のタバコ下さい」

店員さん「すいません、年齢を確認させて頂いて良いですか？」

私「えっ？」

私は34歳であった。

私「マジですか？　本当ですか？」

私は照れながら免許証を出した。

一緒に買い物に来ていた相方のGO君には年齢確認はなかった。

34歳に年齢確認を必要とさせるとは！

ヌタウナギのヌタの効果だ！

タッパにヌタウナギのヌタを持って帰って来ていた。なんだか永遠の若さを手に入れたような気分だった。明日も朝一で漁に出る予定だ。今日は夜ラジオがないので、ビジネスホテルに泊まった。眠りに就く前に色々考える。

「明日はどんな深海魚との出会いがあるのかな？」

「しかし今日のヌタウナギのヌタは凄かったなぁ～」

「もし、チンチンに塗ったらどうなるのだろう？」

（早いな！　そこに辿り着くの。いや、早いだけじゃなくてやばいだろ！）

「チンチンも若返るのかな？」

（チンチン若返らせてどうするんだ!?　大体お前のは、まだ完全体じゃない！『ドラゴンボール』で言ったらまだ18号を吸収していない状況のセルだ！）

「ん～やっぱ良くないよな～」

（そうだ！　やめておけ！）

「でも少しぐらいなら良いかなぁ」

（なんでだよ！　一休さんの水飴を思い出せ！　少しで終わらなくなる）

「少しで終わる訳ないから、もう豪快に行っておくか？」

（初めから!?　一休さんのいつの間にか水飴がなくなるパターンを飛ばすのか？　可愛げない！）

などと考えているうちに、漁の疲れから寝てしまった。

（良かった！）

次の日の漁で、船長さんに「のりさん、まだ顔ツヤツヤだね〜」と言われた。

私「はい！　ヌタウナギの効果凄いです。あの、これチンチンに塗ったらどうなります？」

船長「あははは。やめておきな。かぶれちゃうから」

ほっ。かぶれるくらいか。

（そっち!?　「塗らなくて良かった」だろ！）

船長「知り合いに塗ったヤツいてね。かぶれて大変だったって」


そうかやめておくか。

いや待て、本当にかぶれるのか？

はっ！　もしや、これは一休さんの毒の水飴と同じで、本当はかぶれたりしないいんじゃないか？

（そこで一休さん思い出すのかよ！）

結局「チンチン若返り計画」は未遂に終わった。

もしまた私が深海魚の漁を始めたら、計画がスタートしたと思ってほしい。

（知りたくねーよ）

第6章

section 6

Episode.44

「レジェンド吉田照美」の巻

「このクソじじぃ！」と言えば「ブン殴るぞ！」と返ってくる。「ハード老害！」と罵れば「締め殺すぞ！」と脅迫される。酷い言葉の交差点。

文化放送土曜日お昼の生放送『てるのりのワルノリ』。

年齢もラジオ歴も大先輩である、ラジオ界のレジェンド吉田照美さんと一緒にやらせて頂いている。

28歳の年齢差。失礼極まりないのは百も承知。

しかし、これには訳があるんです……。


私は以前『オテンキのりのレコメン！』で11年間パーソナリティをやらせてもらった。たくさんのことを学ばせて頂いた。「相手をリスペクトすれば誰とでも楽しく話せる」というのもその1つだ。

おかげで「カップラーメン」と30分話すことも出来る「スペック」が身に付いた。

(何を言ってるかわからない方はオテンキのりYouTube「ラジオパーソナリティはゲストが『カップヌードル』でも上手くトークできるのか?」をご覧下さい)

たとえスタッフがゲストと間違えて「ウンコ」を置いたとしても、私は相手をリスペクトしているのでウンコとも楽しく話せるだろう。むしろ話したい。(そうなってくると話が変わる。あとゲストと間違えてウンコを置くスタッフはいないだろう)
これは私のスペック「無理して良い所を探す」のおかげだ。

10代向けの番組だったので、自分より若い方や新人の方がゲストに来てもらうことが多かった。親しく話させてもらう為に、気さくに行くが、礼儀には気をつけていた。……つもりである。礼儀に歳下や後輩は関係ない。これはスペックではなく、ただ私が出来た人間というだけだ。私自身、馴れ馴れしいヤツが嫌いというのもあるが。

かと言って恐縮させるのも良くないので、そんな時はスペック「舐められ上手」を発動した。出来る範囲でだが、色々気を使った。

しかし、今回の相手はレジェンドパーソナリティ吉田照美。

今までのやり方ではダメだ。

どうしたものか？　色々考え辿りついた答えは「リスペクトをしない」だった。

今までの逆を行く。

テーマは「恐縮しない。萎縮しない。圧縮されない」。

作戦は「毒づいてトドメをさす」に決めた。

理由は、そっちの方が楽しそうだから。

（そんな理由かい！）

しかし学生時代、体育会柔道部に所属していたこともあり、階層的な社会構造を重んじ、地位や役割に基づく関係を大切にしてきた。先輩が「黒い物」を「白」と言えば、眼科を予約しお連れするタイプだ。

（白と言わねえのかよ！）

少しひねくれてはいるが、先輩を立て上下関係の中で生きてきた。そんな私が「毒づく」なんて出来るのであろうか？

迎えた2023年4月1日。

『てるのりのワルノリ』放送初日。

番組スタートと同時に照美さんのスペック「人の話は聴かない」「でも自分の話は止まらない」「変な質問してくるくせに、こっちが答えている最中に話を変える」が猛威を奮ってきた。『オヤパツ』の時と全然違う。

こうなったら照美さんは「壊れた下水管」。

トークという名の「汚水流出」が止まらない。垂れ流れる汚水を必死に止めようとした私の口から、ごく自然、かつ流暢に「話を聞けよジジィ」と言う言葉が出た。

「言えた！　レジェンドに毒づけた！」いや、待て。言わされた？

まるで、こちらの目論見を見透かしているかのように……。

これは照美さんのスペック「たまに引き出し上手」によって言わされた「ジジィ」なのだ。流石照美さんだ。見事に謀略にはまってしまった。ただ、それでも照美さんのトークは止まらなかったけど（笑）。

気が付けば「老害」「下手くそ」「バカやろう」などなど全部言わされてしまった。「てるのり」の「罵詈雑言」は全ては照美さんのレジェンドスキルによるものだったんですね。レジェンド恐るべし。

いつものほほんとしている照美さんが、放送初日に「早めに入って打ち合わせしよう」と言った。今では考えられない。

レジェンド照美さんが言うならしょうがない、みんな3時間前に文化放送に集合した。よっぽど念入りな打ち合わせをするのかと思ったら、照美さんが口を開いたのは、新人の甲斐彩加アナウンサーに「いくつなの?」だけだった。照美さんの人間性がとてもよく出ている素敵なエピソードだ。

私は番組開始して半年くらい経った時、ふとあることに気付いた。

「こんなに文句を言いやすい人はいない」

この懐の深さはなんなんだろう?

まっ、いっか。

(まいっか、じゃないだろ!)

ここからは観察日記。

時には下手に厚かましく、時には頑固に我が道を行き、興味がある物だけを追い続ける。文化放送に来たら、挨拶もそこそこでスグに煎餅を食べる。ハイペース、ローペース、マイペースのギアをガチャガチャと変えニュートラルにトークする。でもブレーキは壊れている。目が悪くメガネをかけていたのに、近眼と老眼が丁度良いところで止まりメガネが必要なくなるほど目が良くなる強運の持ち主。花粉症だったが老化により克服する。恐らく花粉にも嫌われたのでしょう。

謎多き不思議な人です。

（注意）決して人間的に深みがある訳ではありません。

「ラジオ100局斬り」という「色々なラジオ局に出る企画」をやっているのですが、照美さんが他局でやっている番組に「出させてもらえませんか？」とお願いをした。

照美さんがスタッフさんに熱心に私のアプローチをしてくれていたと知り合いから聞いた。

そんなことをおくびにも出さないのが照美さん。感謝です。

実は優しいところがあるんです。いや、優しいじゃなくて、私がスゴく可愛くて良いヤツだから頑張ってくれたのかも？

（そんな訳ない）

最後に照美さんの可愛いところを1つ、ラジオだとバカみたいに喋るくせに、イベントだとちょっと照れてあまり喋らない。

可愛いでしょ？

これからも良い年をした1人っ子の吉田照美と三男坊の末っ子オテンキのりが承認欲求を求め、自己肯定する番組『てるのりのワルノリ』をよろしくお願いします。

Episode.45

ラジオ生放送（ハプニング編）
「人生いろいろ、
ラジオもいろいろ」の巻

文化放送『オテンキのりのレコメン！』で11年間（2012年4月〜2023年3月）パーソナリティを務めさせて頂きました。3時間の生放送の中、毎日（月〜木）ゲストコーナーがあり、アーティスト、アイドル、声優、役者、お笑い芸人など様々な方が登場してくれた。

郷ひろみさん、近藤真彦さん、伊集院光さん、back number、あいみょん、Official髭男dism、Mrs. GREEN APPLE、Adoなど、書ききれないほどの今をときめく方から、昔からときめいてる方々ばかりでした。

因みにAdoさんが初めて出演したラジオは私の番組だ!!!

自慢だ！

きっとこれからも声を大にして言い続けるだろう！

一生言うだろう！

死んだら墓石にも書くだろう！

そして墓石にスピーカーを付けて、墓参りしてる時にその放送が流れるようにするだろう。

息子や孫に「うっせえわ」と言ってもらえればありがたい。


ラジオの生放送を始めて半年が過ぎた頃、試練が訪れた。

その日のゲストは初めて番組に登場する女性3人組のロックバンドさんなのだが、翌月に「解散」を発表していた。「初めまして」がこういう形は非常に気を使う。果たして、どんな空気なんだろう？

私の番組は22時から生放送スタート、23時にゲストコーナーが始まる。この為、ゲストの方は22時30分頃に文化放送に入る為、私は生放送前にゲストさんと打ち合わせをすることが出来ない。生放送中に箱番組（10分くらいの録音番組）があるので、その時に挨拶をする。曜日によっては出来ない時もある。

放送前に私が不安の色を隠しきれずにいると、スタッフさんが「ボーカルだけ進路が決まっている状態らしいです」という情報をくれた。

更に私を不安にさせた。

いや、待て。

3人で何度も話し合って決めた結果だ。納得しての解散だ。

きっと

A「色々あったけど、残りの1ヶ月。最高の思い出作ろう♪」

B「そうだね♡」

C「そうと決まれば今日は、はしゃぐぞ〜↑」

3人「きゃははは」

となるだろう、と持ち前の明るさで自分の都合の良い方向に考えをシフトした。

番組はスタート。

オープニングトークから、いつものコーナーを終え、箱番組になった。すぐさま、私はゲストの待機しているフロアに向かった。ゲストの3人以外にも、スタッフさんが2人いた。

裁判長がいるのかと思うくらい「静粛」だった。

もし、この場で煎餅を誰にもバレずに食べなければならないとしたら、口の中で湿らせて、ぬれ煎餅にしないと、パリっと音でバレてしまうだろう。そのくらい静かだった。うちのおじいちゃんのお葬式でも、もう少し盛り上がっていた。

どうやら前向きな話し合いではなかったようだ。

私は空気に飲まれまいと、いつもより元気を増し増しで挨拶をした。

私「どーもオテンキのりです。スゴく良いヤツなんでよろしくお願いします♪」

「いや、自分でスゴく良いヤツって！」

なんてツッコミがあるはずもなく
3人「はい……」の一言。

気まずかった……。

この気まずさを例えるならば、苦手な知り合いに誘われて、「用事がある」と断ったのに、当日SNSに「暇過ぎる～」と呟いたことを断った相手に見られて、また誘って来たのを、「用事がある」と、また断るぐらい気まずい。

どっちもタフだな！　どんな例えだよ！

まだラジオを始めたばかりだった私は、初めて会う人（諸事情有り）と接するには、ハイテンションで誤魔化すしかなかったのだろう。未熟であった。自分のことしか考えてない挨拶だった。反省です。

あれから13年、今も生放送のラジオに携わらせて頂いている。

少しは相手の事情を推し量ることも出来るようになった気がする。

今ならきっと、

「どーも、オテンキのりこと、オテンキのりです。スゴく良いヤツなんでよろしくお願いします！　今日はおいしくして下さいね」。


もっとひどくなってる!!!

そう、人は簡単に変われない。


さて、話を元に戻します。

気まずい挨拶を終え、気まずい空気を残したまま、ラジオブースに戻った。

スタッフさんと緊急会議。

私「大変です。メチャクチャ暗いです」

スタッフ「ゲストもプロです。生放送が始まればきっと大丈夫です」
私よりラジオの生放送経験の長いスタッフのその言葉を信じてみた。

箱番組が終わり、ゲストコーナーが始まった。
私「では、本日のゲストをご紹介します。〇〇〇のみなさんです」
3人「ゴニョゴニョ……」
お通夜が始まった……。

そんな経験もたくさん（また別の機会に書く予定）あったおかげで、今では「物」をゲストに喋れるようになった。（興味ある方はオテンキのりのYouTubeをどうぞ♡　オススメはシーフードカップヌードルをゲストに招いてる回です）

Episodeo.46

「恐怖の心霊アイドル」の巻

ラジオの罰ゲームで心霊スポットから夜の10時から3時間の生放送をすることになった。

なんとも罰当たりな企画だ。私は霊感はないが、超怖がりでお化け屋敷に入ったこともない。私だけでは流石に不安ということで、心霊アイドルもゲストに呼んだ。

「なんだ心霊アイドルって！」

と、ツッコミを入れたいところだが、私にはそんな余裕がない。

本番30分前に心霊スポットの現場に到着。林に囲まれた真っ暗な神社。隣の人の顔も暗くて見えない状態だ。

心霊アイドルさんもご挨拶してくれた。

「どーも♪　△#☆♬&$でピンピロリーン♪　心霊アイドル〇〇です」

暗闇と恐怖で何を言っているのかもわからなかった。

心霊アイドル「ラジオとか初めてなんで緊張〜。上手く喋れるかなぁ？」

私「私、本当に怖いのが苦手で、何かあったらお願いします」

心霊アイドル「私、お祓いも出来ますから安心して下さい♡　でもここは昔、処刑場だったところなんで気をつけて下さい」

どう気をつければよいのだ。

心霊アイドル「くれぐれも霊を怒らせないように」

私「はい。ちなみに霊のみなさまはどうしたら怒るのでしょうか？」

心霊アイドル「霊を軽んじる行為ですね」
私「はい、気をつけます」

すると、心霊アイドルは写真をパシャパシャ撮りだした。
心霊アイドル「やっぱり霊が写りますね。ほら、ここにも。ここにも写ってる」
勘弁してくれ！　どれだけ私を怖がらせれば気が済むんだ！
すると、
心霊アイドル「ここは危険過ぎます……ヤバい……霊に囲まれてます……霊が……霊が怒ってる……」
絶対お前だろ！　お前がパシャパシャ撮るから怒ったんだろ！
心霊アイドル「ぎゃ〜。ゲホゲホ。グェ〜」
私「え？　何？　何？　どうしたの？」
心霊アイドル「私……霊を取り込んでしまう体質なんで……す。ヤバい。ヤバ……ゲフゲフ。はぁ、はぁ……もう無理なんで、車で休ませてもらいます……」
私「えーー?!」
生放送開始5分前に心霊アイドルは車に戻ってしまった。
生放送中も心霊アイドルが帰ってくることはなかった。

怖がらせるだけ怖がらせて、あの人は一体何しに来たんだろう……。
そしてギャラはもらったのだろうか？

Episode.47

「御用だ！　チョコ泥棒」の巻

2013年2月14日「モテないオテンキのりにバレンタインチョコお渡し会」というラジオの企画が開催された。

スタッフ的には誰も集まらず「オテンキのりはやっぱりモテない」と笑いものにする為に企てられた企画だった。その為にわざわざ軽トラックまでレンタルしてきた。ひどいヤツらだ！

そんな中、7人の方が来てくれた。寒い中ありがとうございます。

1番最初に来てくれた子は、なんと学校をサボって来てくれていた。

そこまでして私にチョコをくれるなんて。

女の子「本当に千円くれるんですか？」

そうだった！　私は放送で「1番最初に来てくれた人に千円あげる」と保険をかけたのだった。

千円あげてチョコをもらった。軽トラックの荷台に7つのチョコを乗せイベントは無事終了。

だが、それから毎年チョコレートお渡し会は開催された。

2019年（コロナ禍で以降は中止）のバレンタインには男女合わせて二百人を超えるリスナーが集まってくれた。両手で持ち切れない数のチョコを頂いた。

ラジオの生放送を終えて、チョコをパンパンに詰め込んだ袋を両手に持ち、家に向かい歩いていると、後ろから声を掛けられた。

「すいません～。ちょっと良いですか？」

パトロール中のお巡りさんだった！

お巡りさん「こんな時間に、たくさん荷物持たれていたので、ちょっと声を掛けさせてもらいました」
私「あっ、今、仕事帰りでして」
お巡りさん「そうですか。その袋はなんですか？」
私「チョコレートです」
お巡りさん「チョコレート？」
私「バレンタインだったので」
お巡りさん「バレンタイン……？　もらったんですか？」
私「はい……」

わかるよ、お巡りさん。

そうだよね？　私のような男がこんなにチョコレートを持ってるのおかしいよね？　怪しいよね？

モテない怨みでチョコレートを大量に盗んだと疑いたくなるよね？

もう1人、応援のお巡りさんが来た。

そ、そんなに？

私は自分が何者で、現在にいたるまで説明した。身分を証明する免許証は言われる前に自分から出した。

ラジオのイベントのこと、その写真も見せてた。なんとか疑いは晴れた。

お巡りさん「失礼しました。そんな人気の方なんですね……」

私「いや、人気がないから、お願いしてチョコもらってるんです……」

お巡りさん「…………」

結果、バレンタインにモテない男が大量のチョコ持って夜道を歩くとガッツリめの職務質問される。

Episode.48

「ラジオを止めるな」の巻

ラジオの生放送中、ゲストコーナーも終わった安心感からか、CM中にオナラをした。

その瞬間、映画『セブン』のラストぐらいシリアスな顔になった。

臭いなんてもんじゃない。

そのオナラの臭さに私は焦燥感にかられた。

ちょっと近くのコンビニに行くくらい軽い気持ちでしただけなのに。メールを取りに行っていた作家さんも帰ってくるなり、「ぐあぁ、マジですか?!」と言い残しラジオブースを出て行った。

申し訳ない。こんなことになるなんて。こんなに臭いとわかっていれば、もちろんしなかった。

悔恨が込み上げてくる。しかし、ラジオの生放送は待ってくれない。

ブースの外が騒がしい。理由は私のオナラではなく、列車の運転見合わせの速報が入ったらしい。ラジオの生放送では、こうした事態の時は報道部のアナウンサーさんが来て、ニュースを読むのだ。何も知らずにブースに入って来た。私のすぐ隣に座る。

原稿を読みながらディレクターからの指示を待っている。

突然ビックリしたように私の方を見た。異変に気づいたようだ。目を合わせずに、会釈するのが精一杯だった。屁は出すくせに、ぐうの音も出ない私。何回心の中で謝っただろうか。少しでも邪魔にならないように私はイスをずらした。

その時だった!

「オナラタイムカプセル」が発動してしまった!

「オナラタイムカプセル」とは体重100キロを超えた人間にしか出来ない特殊なスキルだ。

座ったまま、お尻を閉じた状態でオナラをすると、肉の圧で出ることが出来なかったオナラがお尻の割れ目に気泡として残されてしまう現象だ。イスをずらしたことにより、少し隙間を見つけたオナラ気泡は「ポッ」と可愛い音を鳴らし呱々の声を上げた。

私のオナラは『呪術廻戦』でいう虎杖の「逕庭拳」のように、一度に二度の衝撃を与える。

アナウンサーさんはニュースを噛みまくって出て行った……。

この怨みから特級呪霊が誕生しないことを祈るばかりです。

Episode.49

「ありがとう平成！
ようこそ令和！
レコメン！公開生放送」の巻

2019年4月30日。平成最後の日、今まさに令和へと歴史が変わろうとしている。

私は文化放送1階のサテライトスタジオから公開生放送を行っている。

スタジオには就任1ヶ月の『レコメン!』火曜Wパーソナリティの日向坂46・加藤史帆ちゃん（通称：かとし）と、赤ふんどし一丁の姿をした私、オテンキのりがいる。令和に変わった瞬間に私の渾身の一発ギャグで令和を祝うという企画だ。

なんと、深夜にもかかわらずサテライト広場には四百人近いリスナーが集まってくれている。

22時、生放送スタート。「ウケなかったら令和で1番最初にスベった人になる」という不安との戦いだ。

かとしは赤ふんどし男を前にしてオロオロしている。

（かとしはいつもオロオロしているが）

23時58分、CMに入った。私は広場で待っているリスナーたちの元へ向かう。


いよいよだ!

赤ふんどし一丁でお立ち台に上がった現場は、普段「クラスの五軍の控え」と私に罵られるほど、暗いでお馴染みなリスナーが、渋谷のハロウィン状態になっており、すでに盛り上がっていた。

「いける!　これは何をやっても盛り上がるはず」

時刻は24時になった。

「お笑い向上委員会モニター横」で鍛え抜いた一発ギャグを披露する時が来た!

「ようこそ令和！　それでは私のスゴく面白い一発ギャグシリーズからスゴく面白い一発ギャグをご覧頂きます」

まずは私オテンキのりの代表作、一発ギャグ「ヒジ曲がりま～す」を皮切りに、「膝ハット」「それが1番曲がる」「ワインディングロード（曲がりきった～ヒジの先で～）」「ピザ×10とコーラ下さい。注文だったんかーい」とギャグフルコースをお見舞いした。

結果はもちろん、ギリウケた。

（ギリかい！）

かとしからも「のりさん、面白かったです～。私の方からは何をやっているか全然見えてなかったですけど……」と大絶賛をもらった。

Episode.50

「『オテンキのりのレコメン！』スタート」の巻

2012年4月2日月曜日から『オテンキのりのレコメン！』がスタートした。前日4月1日に「お前みたいなヤツが帯のパーソナリティなんて嘘だよ〜」という連絡が誰からも来なかった。どうやら本当みたいだ。

浜松町にある文化放送に到着。マネージャーから渡されていた入館証を入口の機械にかざした。「ピッ」とドアが開いた。ということは入館証も本物だ。

ならば、覚悟を決めなければ。（遅いわ！）

流石初日、偉い人、知らない人、怖そうな人がいっぱいいる。数ヶ月したら地方の寂れたパチンコ屋さんみたいにスカスカになった。（私の番組だけだと思うけど）

イスに座って緊張している私に、たくさんの人が話しかけてくれる。けど、反抗期の子どもが玄関から居間を抜け、自分の部屋に行くが如く速さで会話はすり抜けていった。

（月）〜（木）の帯番組。22時から翌3時まで生放送。「私なんかにできるのかな？」不安と緊張は最高潮だった。

21時55分になり、サブ（スタジオに行く途中に通るスタッフさんと機材がいっぱいあるところ）を通りながら私は「よろしくお願いします」と頭を下げてスタジオに向かった。

「何があっても大丈夫です！　僕らを信じて下さい！」と後ろから若手ディレクターが力強く言ってくれた。私は足を止めて振り返り、照れ臭そうに笑いながらもう一度「よろしくお願いします」と小さくお辞儀をした。

スタジオに入り、何度か深呼吸をした。
ディレクター「さあ、本番30秒前です。新しい時代の幕開けです！　リスナーがのりさんを待ってますよ！　ブチかましてやりましょう！」
ディレクターの目の輝きとハッキリとした口調から自信がみなぎっていた。きっと今日まで余念なく準備してくれたんだろう。なんと心強い。ありがとうございます。そして、『オテンキのりのレコメン！』がスタート！
辿々しくもオープニングトークを終え、3時間のメニュー紹介をし、メールの呼び込みをした。「みんなからのメール、FAXを待ってます。メールアドレスはreco@joqr.netです。そして、FAXの方は03-○○○○-○○○○です」
ディレクター「のりさん！　FAX番号違います！」サブから私のイヤホンに指示が来る。
私「すいません、間違えました。FAX番号は03-○○○○-○○○○です。みんな、お間違いないように！　って、僕ですね、すいません」
ディレクター「のりさん！　違うよFAX番号違うよ！　落ち着いて！」
マジか‼　俺は台本に書いてあるFAX番号も読めないくらい緊張してるのか。ダメだ！　やっぱり私に生放送のラジオパーソナリティなんて無理だ。俺みたいなヤツはドブで足湯しながら、食べ物に見える雲を探して喜んでいればいいんだ……。
ディレクター「のりさん、すみません……台本のFAX番号が間違ってました」

私「…………」

ディレクター「のりさん、喋って！　放送事故になっちゃう！」

いや〜11年もやってると色々なことが起こるものだ。まっ、初日だったけど。

Episode.51

「ポジティブ・ブーストDXがあればなぁ」の巻

仕事に遅刻は許されない。

ましてや寝坊で遅刻など言語道断。プロ失格だ。

「時間は人間のためにつくられており、人間が時間のためにつくられているわけではない」というイタリアのことわざがある。時間は人間のためにあるのだから、人間は守らなければいけない。私は遅刻をした。

（初めの話なんだったんだよ）

22時の生放送に。理由は寝坊。（22時からの生放送に寝坊って！）

今、思い出してもゾッとする。

文化放送『オテンキのりのレコメン！』が始まって1年目の夏だった。

生放送を終えて深夜1時からスタッフさんとお酒を飲みに行った。会は5時くらいに終わり帰宅した。

次の日（正確には今日だが）の生放送まで、まだ余裕がある。今日は生放送まで何もないし、寝るだけだ。

風呂に入り、ベッドに行ってもまったく寝れない。おかしいな。確かにラジオの生放送終わりは頭が冴えて寝れなくなる。ダラダラとテレビを見る。時計を見ると朝8時。全然眠たくない。目を疲れさせればと漫画『ＯＮＥ ＰＩＥＣＥ』の「インペルダウン編」を読み始める。全然眠気は来ない。

昼の12時になっていた。

「ご飯を食べれば眠くなるだろう」とインスタントラーメンを食べたがお目目パッチリ。

おいおい、どうした？　大丈夫か俺？　午後3時になってしまった。

帯で深夜の生放送を初めて1年目、生活のリズムが掴めていなかった。酔っ払ったチンパンジーが足で指揮するくらいメチャクチャなリズムだった。

流石に焦り始める。

こうなってくると「今、寝てしまったら、起きれないのでは？」と眠るのが怖くなる。

「こうなったらもう文化放送に行っちゃおう」と文化放送に向かうことに決めた。

ベッドに横になりながら、くつ下を履いた。

「あれ？　なんだ？　意識が遠のい……」

気づくと21時50分だった。

21時50分？　あれ？　今日ってレコメンじゃなかったっけ？　そうだ今日休みだ。そうだった。そうだった。私は現実逃避を始めていた。

いや、違う。そんな訳ない！

恐る恐るケータイを見る。鬼着信が入っている。

終わった。

急いでスタッフさんに電話を入れる。

スタッフ「もしもし、のり君?!　生きてる？　どうしたの？」

私「すいません、寝坊しました」

スタッフ「寝坊?!　寝てたの？　マジで？　大丈夫？」

私は「はい、すいません、急いで行きます！」

スタッフ「ゆっくりで大丈夫だから」

こういう時の「ゆっくりで大丈夫」ほど怖いものはない。普段「大ケチ」な私だが急いでタクシーに乗り文化放送に向かう。

到着し、恐る恐るスタジオへ。生放送はスタートしていた。

当時の番組ではケータイDJというシステムでタレントの三浦奈保子ちゃんがSNSを担当していたので、急遽代わりに喋ってくれていた。初々しさと辿々しさが放送を明るくし、程よい緊張感が場の雰囲気を活気づけ、現場の集中力を高めていた。

見たこともないくらい楽しそうに働いてるスタッフさん達。

初めて笑顔を見たスタッフさんもいた。

なんか、急いでタクシーで来なくても良かったかも。

なんか楽しそうだな……。

私なんて必要ないのかも……。

(ウザ！　面倒くさ！　いや、お前が遅刻するからだろ！)

大塚製薬さんから「自己肯定感」の低下、改善・予防・衰えに効く『ポジティブ・ブーストDX』が発売されてないことを悔む。

(なんだそれ！)

私「すいません、遅くなりました」頭を下げた。

スタッフ「無事で良かった。心配したよ」

プロデューサーをはじめスタッフのみんなが優しかった。

生放送のスタジオに入り、三浦奈保子ちゃんにお礼を言い交代した。

放送では「すいません、寝坊しました。正確には二度寝ですが。実は夢に「鳥久」の弁当が出て来て、しかも紫色のパッケージのヤツが、だから食べ終わるまで目を覚ませられなくて……」とおちゃらけていたが、本当に反省はしていた。

反省はしてるけど、スタッフさんに怒られなくてラッキーだとは思った。

でも、放送が終わったあと凄く怒られた。油断した分、お説教は凄く効いた。

その証拠に「大人なんだからしっかりしろ」と言ったプロデューサーの頭に寝癖があったり、ズボンのチャックが開いていたりしてたけど「はい。すいません」と謝った。仕掛けられた罠には掛からなかった。

それからは遅刻はしてない。

（当たり前だ！）

正直お説教よりもスタッフが私には見せない笑顔で楽しそうに働いてる景色を見たくない方が強いから。

（そっちかよ！）

あれから13年、まだ大塚製薬さんから「自己肯定感」の低下、改善・予防・衰えに効く『ポジティブ・ブーストDX』は発売されてない。

（だから、何だよそれ！）

Episode.52

「恥の多いラジオパーソナリティをやってきました」の巻

「恥の多い生涯を送って来ました」という太宰治の小説『人間失格』の冒頭を思い出す。

多くの恥をかいてきた。その中でもっとも慙愧に堪えなかったエピソードは、人気絶頂のアイドル（女性）の前で失態を演じてしまったことだ。まあ「失態」と言っても目の前で「ウ〇コ」を漏らしただけなんだけど。（大失態だよ！）

もちろんわざとじゃない！

（当たり前だ！　わざとだとしたら目的はなんだ！）

しかも収録で。（収録かよ！　だったら止めてトイレ行けよ！）

聞くも涙、語るも涙。

「King of shame disgrace」を語らせてもらう。

これから漏らされる方も、もう過去に漏らされた方も、人生が彩られますように。（何言ってんだよ！　うんこ漏らしが！）


ゲスト収録は朝9時からだった。売れっ子アイドル。スケジュールがなかなか取れない中、忙しい合間を縫ってゲスト出演してくれた。ありがたい限りだ。

ただ夜中の1時まで生放送してから、朝9時からの収録はちょっぴりヘビーだ。

「朝9時か……」

しっかり者の私はいつもは収録の30分前には現場入りする。ただ朝早いこともあって、「スタッフとの進行の確認も済んでいるし、明日は時間通り9時に入れば良いか」と気が緩んでしまった。その時点で既に誤りの萌芽が芽吹き、失敗への道を静かに歩み始めていた。

収録当日の朝、プロデューサーから連絡が来た。

「○○さんがもう入ったので早く来れる？」

急に言われても、こっちにも都合がある。流石売れっ子、やれやれだぜ。とは言うものの、プロデューサーの連絡がなければ私は寝坊していた。（お前がやれやれだ！）「急ぎます！」とは言っても着いた時間は8時50分だった。

現場の空気は重かった。売れっ子の取り巻き集団の「待たせてんじゃねーよ」の圧。「眉間のシワ」だけで見事に伝えてきた。その表現力を発揮すれば人気ボードゲーム「はぁって言うゲーム」をやらせたら上手いんだろう。大体、ラジオの収録にこんなに人が必要なんだ？「本人は良い人なのに、この取り巻きのおかげで本人まで嫌いになる」って言ってる人がいた。私は取り巻き大好きだ♡

そして、売れっ子をお待たせしているプレッシャーから憔悴しきっているラジオスタッフ達。

朝からお疲れモード。

プロデューサー「はい、のり、急いで、急いで」

いや、急いで来たし、遅刻してた訳ではないけど、そんなことを言える状況ではない。

「は、はい」と惨状から逃げるようにスタジオに向かう。

スタジオには売れっ子アイドルが待っていた。明るい笑顔で「おはようございます♡　のりさん、よろしくお願いします」と出迎えてくれた。地獄に仏だ。いや神だ。女神だ。

ディレクター「では収録始めていきます」（ゴロゴロゴロ～）

「なんだ？　このトイレを意識せざるを得ないお腹への不快感は？」私を手招きする大便器の姿が見える！　ヤバい！「ちょっとすいません、飲み物買ってきます」と立ち上がった。スタジオから抜けトイレに行こうとすると、プロデューサーが「いや、時間ないからコレ飲んで良いから」と自分の飲みかけの水を渡してきた。

「朝からおじさんの飲みかけの水」はいらないだろ！

プロデューサー「ホラ、早く座って」

私は諦めた……。

もうどうなっても知らない。


ルフィと戦いながら鬼ヶ島を浮かせるカイドウのように至る所に意識を向けた。

お腹の調子とは逆に収録は順調に進んだ。追い詰められた環境が私を覚醒へと導いた。「ゾーンに入った」という表現がわかりやすい。極度に集中力が高まり、周囲の雑音や景色が意識から排除されていく。

自分の感覚が研ぎ澄まされている。

だからわかる……「ベリーバッドエンド」がお尻の最寄り出口まで来ている。

サブスタジオを見ると、ディレクターが親指と人差し指で「O」の形を作り、他の指を伸ばすジェスチャーをした。「OK」のマークだ。ローラの真似？　違う！「これは収録OK。もうまとめて終わって良いよ」の合図だ！　頑張った俺！　凄いぞ俺！

「そろそろお時間ということで、お忙しい中ありがとうございました。最後にステキなお知らせをお願い……します」

出た！　今、出たぞ！　確かに出た！「……」の所で出ちゃったぞ！

何故わかるって？　ちょっとお腹が楽になったから。


アニメ『ダンダダン』の綾瀬桃ちゃんがオカルンの呪いを抑えるかの如く、「匂い」という名の「呪い」を閉じ込めた。これは「漏らし熟練者」だから出来る技で素人にはムリだ。

そんなこと知らずにゲストのアイドルは告知を続ける。

私は穏やかな湖面の静けさみたいな眼差しで告知を聞いた。

「本日のゲスト○○ちゃんでした。ありがとうございました。また、お待ちしてます〜」

（良くまたお待ちしてますなんて言えるな！　すいません）

サブのディレクターから「収録以上でーす」の声が聞こえた。

その瞬間「なんか臭いな」という顔をした私。

（お前がするんかい！）

これも熟練者なら誰でも出来る技「なんか臭いですよね？」だ。

（技でもなんでもねーよ。熟練者ってなんだよ）
ゲストは顔色一つ変えずに「お疲れ様でした。楽しかったです～♪」とスタジオを後にした……器ので
かさに感服した。正直、匂いに気づいたかわからない。でも、この方の人間的魅力には心酔した。
私はエレベーターまでお見送りした。（いや、早くトイレ行けよ！）

Episode.53

「レコメン！Wパーソナリティ」の巻

ラジオ番組『レコメン！』

3時間の生放送の中、最後の1時間、24時台は女性アイドルの皆さんとお送りしていた。

毎週月曜レコメン！ Wパーソナリティ元櫻坂46キャプテン菅井友香ちゃん。

やはり第一印象はお嬢様だった。

趣味は「乗馬」。両親を「お父様、お母様」と呼ぶ。

私とは何もかも違い過ぎて〝未知との遭遇〟だった。

趣味を聞かれたので、冗談で「趣味は拾い食いです」と言ったら「えっ?! 大丈夫ですか？ お腹壊さないで下さいね」と本気で心配してくれた。（本当に拾い食いしそうに見えたのかもしれないが）

温和勤勉な菅井さんはラジオの為に小さいノートをいつも持ち歩いていた。ある時、番組内で抜き打ちでノートをチェックしたら全然書いてなくて、慌てた菅井さんが放った一言「これ2冊目です」は忘れられない。

生放送を楽しむようになった「お嬢様」は時折「やんちゃ娘っぷり」も見せてくれるようになった。その度に後悔しては「あ〜お母様に怒られる」と嘆いていた。（実際にお母さんは毎週深夜の生放送を聴いてくれていた）解禁前の情報をポロッと言ってしまった時も凄く落ち込んだが、菅井さんが落ち込んだり、失敗するほど番組は盛り上がった。本人もそれを察してか、わざと失敗しているのでは？ と「ビジネスポンコツ」の疑いをかけられるほどだった。

今まで見たことのない菅井友香の一面、魅力をたくさん見せてくれた。

オープニングトークに困り「うちの母は宇宙人なんです」と地球外生命体の物語の話はリスナーを震撼させた（笑）。

そんな菅井さんをリスナーは愛していた。

「しっかり者のキャプテン」「愛されへっぽこキャプテン」「チームの業を背負うキャプテン」この人を語るには笑顔と涙なくしては語れない。ステーキ1キロをペロリと食べ、大吉が出るまでおみくじを引き、「がんばりき」1本で4年半を乗り切ってきた。

「荒馬の轡は前から」な菅井友香ちゃん。


火曜日Wパーソナリティ日向坂46加藤史帆ちゃん。

生来のエンターテイナーかとし。

そしてサービス精神の塊だ。

『レコメン！』で半年間生放送を1時間延長している期間があった。かとしの出番は25時で終わり、そこから26時まで、1時間の延長放送があった。

出番を終えたかとしが、「CM明けに、まだいる」というコントを半年間、毎週やっていた。「今日はどんな理由で残りましょうか？」とイタズラな笑顔を見せ相談してくる。時には延長放送の最後まで残っていた日もあった。

自身も朝早くから仕事だったりするのに、リスナーが喜んだり、楽しんでいるのが大好きな人。

『火曜日レコメン！』の延長戦のコーナーが酷い企画ばかりだった。とても1分前まで、アイドルがいたとは思えない物ばかり。

これもコントなのだが、かとしが残ることにより私が慌ててスタッフもバタバタとコーナーを変え、読むメールも変えている。その様を楽しむ、かとしとリスナー。かとしのエンターテイナーとサービス精神のおかげで番組は盛り上がった。

私への誕生日プレゼントを買ったけど忘れた事件もあった。

「宿題やったけど、忘れた」みたいな感じで、本当は買ってないんでしょ？　と、冗談で言ったら生放送中に「本当に買ったんです～」と泣きだした！　私もスタッフもマネージャーさんもアタフタした。

「来週絶対に持って来ます」と言って、また忘れる（笑）。なかなか出来ない。

そんな「うっかり」かとしも好きですが、日向坂46に新しく四期生が入り、『レコメン！』にその四期生全員が出演することになった時、まだ慣れていないメンバーの為に、全員の特徴と性格とエピソードをギッシリ書いて送って来てくれた。「しっかり」な一面も好きですね。

水曜日初代Wパーソナリティ元乃木坂46堀未央奈ちゃん。

ラジオでも言わせて頂いたけど「戦友」である。堀ちゃんは私にアイドルとの絡み方を教えてくれた人。

「ぶっ飛んだ発言」から「ぶった斬る発言」までスペシャリストだった。

笑わない日がないくらい毎週無双をかました。

お互い話したことを覚えてなく、よく同じ話をして、リスナーやスタッフさんに言われて、お互い「そうなの?」って驚いた顔をした。同じ話で実に新鮮なリアクションをするから、心配されるほどだった。

私みてぇな者が乃木坂46の皆さんとCMに出させて頂いた時に、堀ちゃんが話しかけてくれてリラックスさせてくれた。(お前何年やってんだよ!)

洒落にならないくらい安心感があった。

その時に白石麻衣ちゃんがわざわざ「ウチの堀がお世話になってます。ありがとうございます。これからもよろしくお願いします」と挨拶に来てくれた。私も「いえいえ、こちらこそウチの堀がお世話になってます。引き続きよろしくお願いします」と不思議な挨拶をした(笑)。

いつもぶっ飛んだエピソードに霞んでしまいがちですが、自分に厳しく弱いところを見せないカッコ良い堀ちゃんも好きです。

2代目月曜レコメン! Wパーソナリティ櫻坂46松田里奈ちゃん!

2代目櫻坂46キャプテンでもある!

里奈ちゃんを可愛いとか、歌も上手いとか、頑張り屋とか言ってる人は節穴である。

里奈ちゃんの1番の魅力は「思い切りの良さ」だ!(注意:全て『レコメン!』内の話です。あと個人差あります)私もお笑い芸人のはしくれだが、その思い切りの良さは見習っている。

私の取説では里奈ちゃんは、特技は「むちゃぶり」。大好物は「急なむちゃぶり」。趣味は「無茶なむちゃぶり」。（なんだよ無茶なむちゃぶりって！）

私の里奈ちゃんの「むちゃぶり」への安定感は国家公務員ぐらい安定している。

「可愛い」と言われることが何よりも好きなのに、笑いを取りに行くスピリッツは可憐な欲張りさんだ。そこがまた可愛い。でもそのおかげで『オテンキのりのレコメン！』での伝説のキャラが誕生することが出来た。

「どげんかせんとくん」

私は一生このキャラクターを忘れない。ありがとう里奈ちゃん。

そして里奈ちゃんは偉大なキャプテンから受け継いだ襷があった。

たくさん悩み、考え実行して生まれた「まつりりき」。（そっちの話?!　てっきりキャプテンとしての話かと）

もちろんキャプテンとしても、唯一無二のキャプテンとしてまた新たな坂を上っている松田里奈ちゃん！　を応援してます。

ただカヌレが硬いことを知らず噛みちぎれずにいる私を見つけ、「大丈夫ですか?」とむせるほどゲラゲラ笑っていたことは許しません（笑）。

レコメン！　水曜日2代目Wパーソナリティ乃木坂46田村真佑ちゃん。

出ました！　可愛いの天才！　ぶりっ子の神さま田村プロ。

一体、番組内で幾つの可愛いを生み出したことやら、白の種類が二百色なら可愛いの種類は二千種類だ。

そんな真佑ちゃんがWパーソナリティに就任したのは2020年4月はコロナ禍の真っ只中。初回こそスタジオから放送出来たけど次の週からコロナ禍の影響でリモートになった。スタジオであれば、CM中だったり、曲が流れている時に次の進行の確認だったり、「次こうしようか？」「この後こんな感じで大丈夫？」など意思の疎通が出来る。しかしリモートだとそれが出来なかった。互いの関係構築が出来ない状態だった。

そんな中での「レコメン！コウメ太夫ブーム」が起きた2020年は多くの出演者が私のむちゃぶりの被害に遭った。世界的ギタリストMIYAVIさんにもやらされるほどだ。

もちろん真佑ちゃんも、最近あったチクショーなことを箱番組明けに発表することになった。箱番組中ずっとリモート映像は繋がっている状態なのだが、真佑ちゃんはコウメ太夫の練習を20分近く黙々としていた。音は切ってあるのだが、口がずっと「チャンチャカチャンチャン」と動いているのがわかった。コウメ太夫本人より練習している。可愛いの天才は努力の天才でもありました。番組内でのただのむちゃぶりに、ここまで頑張ることが出来るのが田村真佑ちゃんです。


長くなりました。

私の勝手な偏見でまとめさせて頂くと「カワイイ」は付属でみんなそれぞれの「天才」の集まりだった。

Episode.54

「菊池風磨くん」の巻

初めて会ったのは2012年の『オテンキのりのレコメン！』スタートの時だった。同じタイミングで風磨くんもレコメンの枠の中で箱番組をグループで始めた。つまりラジオ同期。ゲストに来てくれた時に感じた印象は「大人の魅力と無邪気な子どもっぽさ」だった。もっとわかりやすく言えば、小生意気な高校生だ（笑）。

ラジオをきっかけに仲良くなった。ライブを見に行かせてもらったり、ご飯を食べに行ったり、ライブを手伝ったり、家に泊まったりと16歳の年齢差を感じなかった。彼が大人だからなのか？　私が子どもだからなのか？　いやアイツは生意気だけど、私の包容力と人間味が素晴らしいからだ。

でも風磨くんには助けてもらってばかりだった。

（どんな16歳上だ！）

1番はやはり「オテンキのり、実は結婚していた事件」である。

「お前が結婚していたことなんてどうでも良いよ！」って思うでしょうけど、これが意外と大変だったんです。

ちょうど結婚をしようとした2012年に番組がスタートした。

文化放送の関係者、番組スタッフ、事務所のマネージャーが集まって「結婚を1年待ってくれないか？」と言われた。確かに、私の女性人気が下がってしまうだろう。真の理由は「10代の非リア充リスナーのモテない兄貴分になってもらいたい」ということだった。ガクーン！

（ちなみに後に知ったのですが、私がパーソナリティに選ばれた理由は「タダでエッチをしてなさそうな人」を探して私に辿りついたとのこと。どんな理由だ！）

なので、結婚を1年延ばすことにした。

今になって思えば、1年延ばさせたのは、関係者やスタッフが1年で番組が終わると思っていたからかもしれない（笑）。結婚はしたが、公にせず番組コンセプト、私のスタンスはそのまま継続となる。

（念の為に、私は納得し了承しているので文化放送や番組には何ら責任や問題はありません）

そして2019年3月7日に子どもが誕生した。

流石にもう内緒って訳にはいかない。

私は番組で結婚と子どもが誕生したことを発表させてもらう了解を得た。


これまで「モテない、どうしたらモテるんだ～」とラジオで言ってきたツケを清算する時が来た。今まで隠してきた罪悪感がないわけでない。秘密にしている後ろめたさももちろんある。「俺なんかが結婚してたとして、みんなどうでも良いと思っているだろう」とも正直思っていた。

もし仮に、当時リスナーの中にショックを受けた方がいらっしゃったら本当にすいません。

（いや、いないから！）

頼む！　1人くらいいてくれ！

子ども誕生を風磨くんにも連絡した。奇しくも3月7日は風磨くんも誕生日だった。

風磨くん「のり、やったじゃん！　おめでとう！　どうするの？　発表するの？」

のり「そうなんだよ、番組で発表しようと思う。あと、のりさんね」
風磨くん「のりの女性ファンが〝騙された〟って怒るな！」
のり「いねーよ！　そんなファン！　あと、のりさんね」
風磨くん「男子リスナーは絶対に怒るだろうな〜散々騙してきたから。俺なら殴る。今度、殴らせて」
のり「そうかな。やっぱそうだよなぁ。なんでお前が殴るんだよ」
風磨くん「あっ。来週、俺レコメン！にゲストにいくじゃん？　その時に発表しなよ」
のり「なんで？」
風磨くん「良いから、絶対その日ね」
のり「わかったよ」
風磨くん「じゃ、今からお祝いしよう！」
のり「えっ!?」
息子の誕生と風磨くんの誕生日を祝う日となった。

そして運命の日が訪れた。番組スタートする直前に向かいの席に座る風磨くんが「のりちゃん緊張してる？」とイタズラっぽく話しかけて来た。

明らかに緊張している私を見て、ニヤッと笑い「いきなり行くからね」。

番組スタート。

私「それでは今日のゲスト菊池風磨くんで〜す」

　自己紹介を済ませた彼は
「いやいや、のり、言うことあるんでしょ?」

「のりさんな!」と言う余裕はなかった。

　来た!

私「え〜〜実はわたくしごとなんですが、この度3月7日に第一子が誕生しました」

風磨くん「おい!　ちょっと待て!　ちょっと待て!　まず、おめでとう。それは本当におめでとう。凄く良かった。本当に良かったね。けど、えっ、結婚してたの?　隠してたの?　どういうことだよ〜リスナーのみんな〜騙されてたぞ〜」

風磨くんがリスナーの声を代弁し私にイチャモンをつける。

彼の天才的なリアクションと話術でこの出来事をエンタメにしてくれた。

ここからはもう菊池風磨劇場だった。

今、思えばその時からプロデュース能力は凄い。

笑いと嫌味と少しの感動で無事に終了した。

風磨くんのおかげだった。

私1人では無理だった。

面倒な役を買って出てくれてありがとう。

ラジオのリアクションメールもXのコメントも6年黙っていたことではなく、おめでとうばかりだった。リスナーに謝りたい。こんなに良いヤツらばっかりってことに今まで気づいていなくてすいませんでした。本当にありがとう。

ただ、あれだよね、文句がないのは「お前が結婚してたなんて、どうでも良いよ」と思ってるからじゃないよね？　なんか文句が出ないは出ないで、ちょっと不安です。では、これもすべて私の人間性が素晴らしいってことで。

（リスナーのだよ）

風磨くんに感謝する話はまだあるんだけど、彼の好感度が上がると悔しいのでやめておきます。

菊池風磨くんはウワサほど悪い人じゃないので、これからもよろしくお願いします。

（どんなウワサだよ！）

Episode.55

「桐山くん中間くんのレコメン！」の巻

WEST・桐山照史くんは2016年から『レコメン!』で一緒にやらせてもらっていた。

会ってすぐに気づいたのは、コミュニケーションの天才だった。

コミュニケーションって、一般的には気さくに話しかけて失礼のないように配慮して、更に笑い話を1つや2つ交えることができれば100点でしょ?

まして「初めまして」の方が多い芸能という業種で、それを発揮するのは難しいのだけど、桐山くんは、更にその上を行っていて、相手が望む接し方というか、その人のスタンスを見抜き、それに合わせられる人なんですよ。

私の語彙力が乏しく、言語化するのが難しい。

いち早くその人の人間性を感知し、合わせる柔軟性と活かす合理性が凄い。

ん~簡単に言うとメチャクチャ器用なんですよ。

(随分簡単にしたな!)

桐山くんの多才な趣味もうなづける。凄く気を配らないと出来ない。


毎週木曜日3時間の生放送で、私と桐山くんはバカなことしか言わなかった。

桐山くんに関してはアイドルなのに大丈夫? ってくらいだ。

リスナーの皆さんは本当に自由に好きなこと喋ってるな~って思ってたでしょ?

実はね、桐山くんは半端なく私に気を配って、私を活かそうとしてくれてたのよ。これは一緒にやらせてもらった人間じゃないとわからない。優しいのよ。技術的にも人間的にもなかなか出来ない。もしかしたら、バカだから気づかずにやっていたかもしれないけど（笑）。

実家に初めて彼女を連れて行く時くらい恥ずかしいから、本人の前では絶対に褒めないし、感謝を伝えられないので本に書かせてもらいました。

本当にありがとう。

でも一緒にご飯に行った時、私がトイレに行ってる最中に逃げてお会計を全部払わせたことは一生許しません！　やっぱり「ありがとう」はなしにします（笑）。

これからも仲良しでいたいからはっきり言わせてもらう。

一緒に蕎麦を食べに行ったとき、蕎麦の汁がはねて桐山くんの服が汚れたから、ショッピングモールにTシャツを買いに付き合った。

どのTシャツにするか1時間近く悩んだ挙句、帽子を買ったのなんでだよ！

これからもよろしく。

WEST．中間淳太くん！　同じく2016年から『レコメン！』で一緒にやらせてもらっている。

私が放送で「木曜レコメンは仕事じゃない。遊びに来ている」と言っていたのはこの人の存在が大きい。

私のどうでも良いボケに必ずツッコミを入れてくれる。

ツッコミって優しさ、愛なんですよ。

放送が終わってしまったからちょっと難しいかもしれないけど、録音している人がいたら聴き返してもらいたい。本当に全部に反応してくれてる。中間くんって懐が深いからついつい甘えちゃうのよ。

放送では中間くんのことを本当に好き勝手言わせてもらった。「欲しがりさん」「かまちょ」「中間劇場」「よだれ鶏知らねぇだろ」「文化放送のタダで飲めるコーヒーを持って帰ってる」「1人ディズニー本当は淋しくて泣きながらビッグサンダー・マウンテンに乗っている」など「ボケ」と言うより当たり屋だ。

でも1番好きなところは「流されないところ」。

人から聞いたことや噂よりも、自分の目で見たこと、本人の言葉を大切にする人。

この人が仲間になってくれたら本当に心強いと思う。淳太だけに！　あっ、中間だけにだ！　これは、「中間」と「仲間」をかけているんです。

耳を澄ますと、こんなボケにも中間くんのツッコミが今にも聞こえてきそうだ。

みなさんも存じていると思うのですが中間くんって凄くオシャレなんです。

私もオシャレをしてみたくて、買い物に付き合ってもらったことがあったんです。

わかります。「なんでオメーみてえな野郎がオシャレしようとしてんだよ！」「ドブにキスして半身浴でもしてろよ！」ですよね？

いくらなんでも言い過ぎだ！

（誰も言ってない）

人生初の「伊達メガネ」を選んでもらった。

「ええやん、これ、のりさんカッコ良いよ」と言ってくれたので購入した。

忙しい中、私の買い物に付き合ってくれてありがとう。

ラジオに伊達メガネをかけて行った。

スタッフは無反応。たまらなく私は「これどうかな?」とスタッフ達に聞いた。

「デザインはカッコ良いです」「のりさんにはもったいない」「サイズきつそうです」と称賛を頂いた。

Xにも写真を載っけたらリスナーからは「スケベそう」「詐欺師みたい」「大橋巨泉みたいでカッコ良い」とまたまた大絶賛。つくづく私の周りにはろくな人間がいないことを感じた。

大橋巨泉みたいでカッコ良いは褒めてない。

しかし私は中間くんを見習いそんな言葉に流されない。

(それは流されないじゃなくて、聞き入れないだ!)

Episode.56

「○○弁当おみくじ」の巻

文化放送『レコメン！』パーソナリティを務めさせて頂いていた時の話。

「お茶」、「お菓子」、「お弁当」。私のやっていた『レコメン！』には縁がないものであった。

私みてぇな者がそんな物を欲しがるなんておこがましいのは百も承知。

ただ同じ文化放送の番組でも「今日は誰かの誕生日?」「総理大臣賞でも受賞した?」「なにか悪いことをしてる?」と言いたくなるくらいお菓子やお茶が並ぶ番組もあった。

私「Kプロデューサー……あれ。見てください！ 良いですね～あんなにお菓子やお茶が」

Kプロデューサー「よそはよそ！ 喉が渇いたんならツバを飲めば良い！ 腹が減ったら新聞紙でもズボンに挟んでおけ」

私「はい……」(ズボンに新聞を挟んでどうなるのだ? 腹を膨らませってことなのか?)

そんな『レコメン！』にも豪華な時があった。

お正月の生放送の時にパーソナリティ、スタッフにお弁当が振る舞われたのだ！

プロデューサーが大量の弁当を持って登場した。

「あけましておめでとう！ のり～好きなだけ食え～」

その量たるや単身赴任のお父さんの帰省を彷彿させる。

いや単身赴任のお父さんが帰省する時、子どもへのオモチャだったりをたくさん持って帰るようなイメージだけど、実際知らないし。今の時代っぽくないなぁ。比喩って難しいなぁ。

「叶姉妹の買い物に同行する運転手さんが持つ荷物の量くらい」

ん〜これこそイメージだなぁ。それに荷物より叶姉妹の胸に目がいくしなぁ。違うな。

「上京した息子に田舎から会いに来るお母さんが持ってくる息子の好物の量くらい」

これも個人差があるな。送ってくるパターンもあるしなぁ。大体ドラマだと息子は粗末に扱うしなぁ。違うな。

「小学校の終業式の時ぐらいの荷物の量」

これだな。アサガオも重たかったなぁ。

これが「出所した受刑者の荷物の量」だと、少なそうだしね。

ドラマとか映画のイメージだけど。

では、プロデューサーが持って来た弁当は、小学生の終業式を彷彿とさせる量だった。

いや、やっぱり、密輸で持ちこまれ……（もういいよ！　長いよ！　しっくりくるとか、こないじゃない。長い）。

とにかくスタッフ全員に渡してまだ余るほどの量だった。スタッフの人数も把握してないなんて、オッチョコチョイなプロデューサーだなぁ。まぁ、たくさんあるに越したことはない。

ありがとうございます!

蓋を開け「いただきま……ん?」

半分しかないお米と、エビの殻、梅干しの種、折られてる割り箸が入っていた。

なんだこれは? どう見ても食べ残しだ。

「寿司みたいなケーキ」と一緒で、「食べ残しみたいな幕の内弁当」なのか?

いや、食べ残しみたいな幕の内弁当は、食べ残しの幕の内弁当だ!

私「……あの~」

Kプロデューサー「あっ、残念。それはハズレだ」

私「ハズレ?」

Kプロデューサー「あっ、こっちはちゃんと入ってるよ」と新しい弁当を渡してきた。

私「……この弁当どうしたんですか?」

Kプロデューサー「駅伝中継の弁当が余りまくって、もったいないから、もらってきた」

一同「………」

私「それって、捨ててあったの、拾って来たんですか?」

Kプロデューサー「いや、捨てるって言うから、もらって来た」

「良かった、了承を得てるんですね」って、そんな話じゃない。

捨てる予定の弁当だった。だから食べ残しも入っていたのか。廃棄の弁当を持って来た、覇気使いKプロデューサー。でも、まっ、豪華な弁当だから良いか。

(いいんかい!)

弁当の中身があるか? ないか? 真っさらの弁当なのか?

当たりを引けば腹を壊す。

ロケットをバンバン打ち上げる時代に廃棄弁当おみくじがあった。

Episode.57

「キンタマジャグジーが番組にやってくる」の巻

ラジオ番組で「キンタマジャグジー」を購入した時の話。

「やっぱり番組でも1台キンタマジャグジーほしいよね」ということになり、プロデューサーが代表して「キンタマジャグジー」をネットで注文した。

海外からの取り寄せだった。海を渡りやってくる「キンタマジャグジー」。私達は首と金玉を長くして待っていた。しかし待てど暮らせどキンタマジャグジーが届かない。プロデューサーに確認しても、「注文したよ」の一点張りだ。いま思えば、プロデューサーも「キンタマジャグジーまだですか?」と問い合わせしづらかったのだろう。

(いや、ちょっと待って! さっきから当たり前に話を進めているけど、なんだよキンタマジャグジーって)

「キンタマジャグジー」とは、男性の陰嚢専用の小型ジャグジー。

手のひらサイズで、水やお湯を入れてスイッチを押すと泡が発生し、リラックス効果や蒸れ解消が出来る品物なのである。

(番組に1台いらないだろ!)


しかしジャグジーが届かないことにより、今まで一枚岩でやってきた番組内に亀裂が生じた。

「もう本当は届いているのに、プロデューサーが家に持って帰って使っている」

「プロデューサーがお試しキンタマジャグジーした際に、スイッチを『強』に設定したまま長時間使って故障してしまい、修理に出している」

「プロデューサーは番組が終わってすぐ帰るようになった」など噂が流れた。

まっ、流したのは私だが。

（お前かい！）

「悪事千里を走る」とはよく言ったもので、「プロデューサーの会社の机の中からジャグジーのポコポコする音が聞こえた」「六本木に会員制のキンタマジャグジーBARをオープンした」「TKOの木下さんもよく来る」なんて噂まで流れた。

それも私だが。

（木下さんは関係ないだろ！）

噂というより、放送で言ってただけですが。

（もっと悪いわ！）

もうジャグジー本体はどうでも良くなっていた。そういう方向転換をすることで、一度広げてしまった風呂敷を収めた。（どんな言い訳だ）一向に届かないキンタマジャグジーに、我々は「変なキンタマを握らされてしまった」と諦めた。

それから半年後。もうジャグジートークに泡が立たなくなった頃、スタッフから「キンタマジャグジー届きました」と報告があった。

「あ〜キンタマジャグジーね」と私のテンションは下がっていた。

「鉄とキンタマは熱いうちに打て」とはよく言ったものだ。

（言わない）

スタッフ「とりあえず購入してしまったんで、やっときますか？」

私「そうだね。プロデューサーの無実を証明してあげないとね」

（木下さんもだ）

ちょうど次の週にお笑い芸人・グランジ遠山くん（ラジオファンの方には「遠山校長」と言った方が伝わりやすいかもしれない）がゲストに来るので、その時にお披露目会をすることにした。いや、むしろ「キンタマジャグジーお披露目会」の為に遠山校長に来てもらったような形にした。

遠山校長は「ふざけんな！　なんでそんな物に付き合わなきゃいけねーんだ！」などと言っているが、深層心理の奥底では凄く喜んでいるに違いない。いや表層心理の上部でうれション状態だ。現にすでにベルトを外している。好きだね〜。

他局で10年同じ時間帯でしのぎを削ってきた仲だ。

「水に流す時がきた」。いや、「水に浸けてプクプクする時が来た」。

しかし、いかにゲストといえども一番風呂は譲れない。

このジャグジーに一番風呂以外はない！

後にも先にも、こんなに勝ちたいジャンケンはない。

しかし勝ったのは遠山校長！

私は二番風呂となった。実家の全焼よりショックだった。

（そんなに!?）

ジャグジーにお湯が張られた。遠山校長がズボンを脱ぎ準備は完了。なんとも情け無い姿である。

（お前がさせてるんだよ）

生放送でキンタマジャグジーはもしかしたら日本で初めてかもしれない。

（収録でもないわ！　恐らく世界でも）

音声だけのコンテンツであるラジオでは、物が見える心配がないのでキンタマジャグジーはラジオ向きである。

（それ以前の問題だけど）

遠山校長「では、行きます」。

私は固唾を呑みながら見守った。校長は海に浮き輪を落とすように静かに投じた。

「ぽちょん」

うまい！　水しぶきを上げずに綺麗に入水した。

「水泳の飛込競技」で言うところの「リップ・クリーン・エントリー」だった。

飛込競技における最高の入水技術で、水面にほとんど水しぶきを上げず、唇を弾くような音だけがする入水方法。この技術は美しさと難易度の高さから最も高い得点を得られるとされている。

キンタマジャグジーに競技性を持たせるとは?!　流石である。

校長「おーおー、なんだこれ？　なんだこれ、おーおーなんか凄い」

えらく興奮していた。

しかし、我々はラジオを聴いてくれてるリスナーの頭の中に描写を描かしてこそのラジオパーソナリティだ。常に冷静でなくてはならない。

スタッフはお湯を張り替え、除菌シートで拭いてくれた。

（良かった。本当に感謝）

そして私は二番風呂に身を投じた。

距離感が難しくダイナミックに入水してしまい、水しぶきを上げてしまった。

「高飛び込み」改め「キンタマＦｌｙａｗａｙ」では減点である。

（随分カッコよい名前に変えたな！　いや、カッコよくない）

私「おーおー、なんだこれ？　なんだこれ？　おーおーなんか凄い！」

（一緒じゃねーかよ！）

キンタマしか浸かってないのに、全身湯船に浸かっているような錯覚に陥る。自分のキンタマなのに、自分のキンタマではない不思議な感覚が時間の経過を忘れさせる。そして何より、恥ずかしい。

ひと風呂浴びたかのようにリフレッシュされるのだが、なにか後ろめたさを感じる背徳感が襲ってくる。

（その感覚があって良かった）いけないとわかっていながら楽しむスリルと快感。でも恥ずかしさが圧勝する。総括すると「無くても困らないが、あればあったで使うのが非常に恥ずかしい物」となった。みんなの前でやるのは恥ずかしい。1人でやるのはもっと恥ずかしい。家に置いておいて、友達に「何これ?」と言われて、説明するのも大変だ。

「いつ、どこで使用してどこに保管すれば良いか困る物」ともなった。

置き場所に困った我々は文化放送の番組ロッカーに保管した。

(番組ロッカーにキンタマジャグジーが入っている番組ってどんな番組だよ)

数ヶ月後、スタッフがロッカーを整理しようとした時に異変に気づいた。

「あれ? キンタマジャグジーがない」

なんとキンタマジャグジー盗難事件が発生した。しかしスタッフは事件を公にすることを渋った。

何故なら「恥ずかしいから」。

他の番組のスタッフに「すいません、ここに置いてあったキンタマジャグジー知りませんか?」と聞く勇気がなかったそうだ。そこにつけ込んだ犯人の狡猾さに、我々は泣き寝入りせざるを得なかった。よく犯罪で手に入れたお金が盗まれても被害届を出せないというのと似てる。

(キンタマジャグジーと犯罪を一緒にしてはいけない)

泣き寝入りなんて冗談じゃない!

私は建物の守衛さんのところに向かった。

私「すいません、落し物の中にキンタマジャグジーってありませんか?」

守衛さんは「キンタマジャグジー?!　ちょっと待って下さい」と名簿を調べてくれたが、届いてはいなかった。

そりゃそうであろう。

廊下にキンタマジャグジーが落ちていて、拾った人が「あっ、キンタマジャグジーだ」とならないし、届けられても「あっ、キンタマジャグジーだ」ともならない。キンタマジャグジーの認知度はまだまだ低い。

しかも、あの尋ね方だと、守衛さんに私がプライベートで使用しているキンタマジャグジーを落とした感じになってないか?　と後悔した。

(恐らく上がらない)

バブルがはじけた。思い浮かんだから言ってみた。

落としても、無くしても、盗まれてもこっちが恥をかかされる。

キンタマジャグジー恐るべし。


さらばキンタマジャグジー。

ありがとうキンタマジャグジー。

盗んだ犯人に告ぐ。

湯冷めしてキンタマ風邪引きやがれ!

Episode.58

「愛すべき5軍の控え達」の巻

13年間、文化放送でラジオをやらせてもらっている。今まで番組にたくさんのメールを頂いた。

ただ私は忘れっぽい性格で、10年近く住んでいた家でも帰り道で迷ったりする。

(それは忘れっぽいではない気がする)

そんな私でも忘れられないメールがある。


ラジオ番組は「ジングル」と呼ばれるCMや楽曲、コーナーの切り替え時に挿入される短い音楽があり、私のやっていた番組だと「深夜1時まで生放送、オテンキのりのレコメン!」と短いセリフと音楽が流れる。役割的には放送の節目を明確にし、リスナーに変化を伝えたりする。そして番組独自の色を出す。

そのジングルのセリフをリスナーから募集するコーナーがあった。

その中で私が忘れられないジングルが「のび太くん〜翻訳コンニャクをそんな使い方して! チンチンが英語ペラペラ。イングリッシュチンチン!」だった。

笑い転げた。私の中の笑いの核が破壊された。ダーツのブルを射抜かれた。「プッキューーン」って音がした。意味がわからない。いや、意味わからなくもないが、メチャクチャだ!

実際に収録しジングルを流す。(流すんかい)

「のび太くん〜翻訳コンニャクそんな使い方して! チンチンが英語ペラペラ。イングリッシュチンチン! オテンキのりのレコメン!」

まったく内容が入って来ない。いや、入って来なくて良い内容だ。

オテンキのりのレコメン！　も薄れる。

しかしこのジングルには作者の「真っ直ぐ」で「果てしない」何かを感じる。

アメリカ、ユタ州のモニュメントバレーにあるフォレスト・ガンプ・ポイントを私は思い浮かべた。

（浮かべねーよ！）

私の忘れられないジングルだ！

ＡＤさんがボタンを押して「ジングル」が流れるのだが、不意にこのジングルが流れるたびに笑ってしまって大変だった。でも、女性の出演者がいない時に限って流れたから故意だったのだろう。


別の男子リスナーのメール。

17歳の時に女の子とのデートで、その子を喜ばそうと1万4千円をUFOキャッチャーに使った。大人になり現在は無職なのに、キャバクラにハマり貯金2百万を使ってしまいました。

熱いメールだった。

これぞ青春のど真ん中だ！

このリスナーの人生を歌にするなら、これがサビだ。こんなインパクトのあるサビの曲はない。1番のサビは完璧だ。2番3番も気になるから曲作り頼むぞ！　とエールを送った。

きっとそのリスナーは今も必死に曲作りを頑張ってくれているはずだ。

私はそのリスナーの曲が完成するまでラジオを続けるつもりだ。

肝心のラジオネームを忘れてしまったが。テヘ。

あと、何気ない「ふつおた」と呼ばれる「普通のお便り」もたくさん届いた。

◯僕は野球部なんですが、運動会の「部対抗リレー」で勝ったのは帰宅部でした。

◯私のクラスに「あい」と「ゆうき」というアンパンマンの歌みたいな名前の双子の兄弟がいます。でも友達がいないです。

◯友達の彼女なのに、いやらしい目で見てしまいます。

◯「世の中、金より大事な物がある」と親と口論になったものの、これと言った良い例えが出てきませんでした。

◯たまたま同時期に1人の女の子に告白をしたら、2人ともフラれたが、私はすぐに「ごめんなさい」だったのに、イケメンは「ちょっと考えさせて」とワンクッション入れてからフラれた。そっちのキズの方がデカい。

など、人間の業を感じる魂を揺さぶられる好きなメールだ。

ラジオネームは覚えてないけど。

「ラジオはリスナーとメールで作られる」と誰かが言っていた。

(なんも覚えてねーな!)

さてさて、私はラジオとの出会いが遅かった分、始めてから気づくことが多かった。

リスナーはパーソナリティに似る？　のか、類は友を呼ぶのか。モテないリスナーが多かった。「リスナーをクラスの5軍の控え」と呼び、自分を「6軍のエース」と呼んだ。


忘れられないリスナーも大勢いた。

リスナーミーティング（文化放送に集まるイベント）を開くと、今日の為に鬼ダサい「ネックレス」をしてくる者。

ここに書くことが出来ない「the男プレゼント」ばかり持ってくる者。ちゃっかり貰う私。

わざわざ会社を休んで来て後悔している者。（頼むから後悔はあとでして）

女性リスナーにモテようとするヘビーリスナーのあざとさ。

初めて異性にチョコレート渡すのに私を選んだ子。（後に絶対後悔する）

親子で来てくれたリスナー。

（親の前で「これからも面白い下ネタお願いします」って言って来てお母さんと苦笑いした）

『レコメン！』を聴いていてもしっかり受験に合格した者。

落ちたのは『レコメン！』のせいだと文句を言ってくる者。

就職が決まった者。

現在浪人中なのにバンバンメール送ってくる者。

初めての風俗に行ったことを報告する者。

デパートで私とすれ違う時に、一緒にいる友達にバレないように超小さい声で「いつも聴いてます」と伝えて来た者。

（そんなに友達にバレてはいけない番組か？）

8対2で、変なヤツの方が多かった（笑）。


もう1つ忘れられない思い出にこんなことがあった。

修学旅行で東京に来たリスナーがいた。いつも『オテンキのりのレコメン！』を聴いてくれているらしく、文化放送に来たのだ。

受付にその旨を伝えた。すると番組ディレクターA君がリスナーのところへ行ってあげた。優しいスタッフである。なかなかそんなことをしてあげられない。A君は人間的にはクソだが優しいところがある。特にリスナーには優しい兄貴分だ。

いつも自分の手掛けている番組を聴いてくれてる感謝の思いで、私に電話をかけてあげることにした。流石リスナーの兄貴分。リスナーも喜んでいたらしい。

電話がかかって来た。

私「もしもし～」こちらが出ているのに気づいてない。

リスナー「やっぱし悪いですよ。お忙しいですから」

A君「大丈夫、大丈夫、どうせ暇だから」しっかり聞こえている。
私「もしもし～」
A君「あっ、のりさん、お忙しい所すいません」
私「暇だよ！　全部聞こえてるよ！」
A君「いや、違うんですよ！　わざわざ秋田から来た子なんで、どうしても、のりさんとお話をさせてあげたくて」
質問の答えになってない。A君はリスナーと電話を代わった。
私「もしもし、どーもオテンキのりです」
リスナー「どーも……」
私「……あの、いつも『レコメン！』聴いてくれてるの？」
リスナー「はい……」
私「……ありがとうね。『レコメン！』面白い？」
リスナー「はい……」
A君が電話を代わった。
A「のりさんありがとうございます。凄く喜んでますよ」
私「そう？　大丈夫？　なんか手応えなかったよ」
A君「のりさん今日何時に文化放送入られます？　サイン欲しいみたいです」

私「急いで19時くらい」
　A君がリスナーに伝えた。
リスナー「すいません、そこまでは待ってあげれられないです」
私「おい！　そいつに伝えろ！　待ってくれなんて頼んでねーぞ」
A君「のりさんありがとうございました！（プチッ）」
　電話は切られた。

リスナーとスタッフにナメられ愛されのラジオ13年目です。
リスナーの皆様、これからもよろしくお願いします。

Episode.59

「伊集院光さん」の巻

芸人になって1番お世話になっている先輩は伊集院光さん。

私が伊集院さんに初めてお会いしたのは2003年、私が23才で芸人の草野球に参加させてもらった時だった。それからプライベートでも遊びに誘って頂くようになり、焼き肉に連れて行ってもらった時は、緊張して注文出来ずにいた私を横目に「本当に遠慮しないでなんでも食えよ。これと、これも食べるだろ?」と、どんどん頼んでくれる。

食べるとすぐウンコする私。席を立つ私に、
伊集院さん「またウンコか? もったいねぇな」

私「そうですよね。もう少し我慢します」と座る。

伊集院さん「いいよ! 早くしてこいよ」

調子の良い時は1回の食事で2、3回繰り返されることもある。

そのぐらい食べさせてもらっていた。

私が現在も太っていられるのは伊集院さんのおかげです。


「ラジオ」に興味を持ったのも伊集院さんがきっかけだった。

それまでラジオをほとんど聞いたことなかった私だが、初めて聴いた『深夜の馬鹿力』。

そこで「伊集院さんってスゲェな~」「ラジオ面白いな~」となった。

そこからもっと近くで勉強させてもらおうと、よく伊集院さんのラジオの生放送に見学に行かせてもら

った。自分のことをラジオで話してもらうのも嬉しかった。Ｐｏｄｃａｓｔにも出させてもらったりもした。

「伊集院さんみたいなラジオをいつかやりたい」と思っていたところに、文化放送から『レコメン！』という番組のパーソナリティのお話がきた。

平日の夜3時間の生放送の帯番組。

そのことを、誰よりも喜んでくれて、そして心配してくれたのが伊集院さんだった。

「ラジオをやりたい！」と思っていたくせに、いざやるとなったら、焦りとか不安とか盛りだくさんだった。自分の心境を感じとってくれたのか、伊集院さんがご飯に誘ってくれた。

今でも忘れない『伊集院光のばらえてぃーばんぐみ』のロケ終わりだった。

思いの丈をぶつけた。

たくさんのアドバイスを頂いた。

ありがとうございます。

しかし高度なアドバイスはわからないから聞き流させてもらった。

バカですいません。

あの時、頂いたアドバイスは私だけの宝物にします！

お金をもらっても誰にも教えない……多分。

そして迎えた、2012年4月2日。

『オテンキのりのレコメン!』放送初日。

準備万端で迎えた!　はずだが、物凄い緊張に包まれていた。

生放送開始10分前、いてもたってもいられなくなり、伊集院さんに電話をした。

私「すいません。信じらんないくらい緊張してまして、どうしましょう?」

伊集院さん「緊張しているなら隠そうとしないで『僕は今、すげぇ緊張してます!』と言っちゃえ、隠そうとするから余計に緊張するんだよ」

伊集院さん「あと、チンチンは剥いていけよ」

電話は切れた。

「チンチン……?!　剥いてく……?　いや、伊集院さんが言うんだったら本当だ!」

急いでトイレに行き、アドバイスに従い、生放送のスタジオに向かった。

慣れないチンチンの状態に、もっと落ち着かなくなっていた……。

後に語られる、「どうやらムスコまでガチガチに緊張してしまいました事件」だ!(誰も語らねえよ)

それから1年後、私の番組に伊集院さんがゲストに来てくれた。

伊集院さんが放った第1声は「こんばんヴァギナ!　伊集院光です!」

やはり、この人は凄い!

いやいや、感心してる場合じゃない。
何を言ってんだ、この人は！
でも、この対処法はアドバイスの中にはなかった！
はっ！　もしかして、聞き流してしまった高度な方だったかも！

私みたいな者が、現在もラジオパーソナリティを曲がりなりにも（チンチンのことではありません）、13年も続けさせてもらっているのも伊集院光さんのおかげだと思っています。
申し訳ないですが、これからもよろしくお願いします。

あとがきに代えて

この本を書かせて頂くにあたり、頭の中の思い出を1つ1つ整理した。

思い出してしまった話や、忘れようとしていた話まで引っ張り出してしまった。

（『死んでも忘れられない話』って言っているのにすいません）

頭の中のタンスにはたくさん入っていて、今回の本では書き切れていない話もまだまだあった。「ま〜よくこんなに色々なことがあったなぁ」と感心しています。

頭の中の身辺整理をしたような気分です。

お気付きの方もいらっしゃるかもしれないですが、奥さんと子どものことを書いていない。

この本を担当してくれているワニブックスSさん、浅井企画マネージャーのKさんにも言われた。

自分のラジオでもそう話さない。

正直、話さない理由は「なんか小っ恥ずかしい」。

マネージャーは「それが良いんですよ」。


そんなこともあり、この機会に、恐らく最初で最後になると思いますが、お話をさせてもらえればと思います。


とは言え、いざ書くとなるとどこから話して良いかわからない。私は34歳の2013年4月1日に結婚した。奥さんとは私が26歳の時に出会った。

奥さんはよく笑い、よく喋る。私の方が家で聞き役になることが多い。面白いドラマや映画を見つけるのが上手い。「割れそうで怖い」と蛍光灯を替えられない。虫に強い。でもネコが苦手で野良猫がいると道を引き返す。お歳暮・お中元・お年賀をしっかりやってくれる。スキップが下手。寝たら起きない。戸締りにうるさい。「小股刈り」「追い討ち支払い」「払い逃れ」など柔道の技名をかなり適当に覚えている。書類などの難しい手続きとかを全部やってくれる。子どものお遊戯会で大号泣して先生や子ども達、保護者にも心配される。

そんな感じの人です。

かなり前のことなので正確には覚えていないが、多分、私の一目惚れだったような気がします。ものすごく一生懸命口説いたような気もします。

奥さんは、私とは正反対の真面目な仕事をしていた為、正直、付き合ってもらえるとは思っていなかった。それに私のような仕事の人間は「どこからが仕事で、どこからが仕事じゃないいか」の線引きが難しい。「お金が発生しなければ仕事じゃない」という世界でもない。理解が出来なかったと思う。

仕事関係の人に呼ばれると、デートの予定を急にキャンセルすることも度々あった。

その度にケンカもした。

「お前と付き合うために東京に出て来たわけじゃない」

歌舞伎町ナンバー1ホストか！　と言いたくなるような台詞だ。

私ごときが何を言ってやがる。と今でも思う。

お笑いで成功したいという気持ちと、うだつの上がらない自分自身に腹が立っていた。

また「彼女」を理由にお笑いを辞めてしまった芸人を山ほど見て来た。

「そうはならない」と自分を律するあまり、彼女にまで辛く当たってしまったかもしれない。

本当に申し訳ないと思っています。

それでも超文句を言いながら、ずっとついて来てくれた。

一度、28歳くらいの時、お笑いを辞めようと思ったことがあった。

「もう、お笑いを辞めようと思う」と漏らしたことがある。

「あなたが売れなくて誰が売れるの！」とミルコクロコップの左ハイキックばりにケツを蹴飛ばしてくれた。

今日までお笑い芸人を続けて来られたのは奥さんのおかげです。

ありがとうございます。

奥さんのエピソードでお気に入りなのが、歯医者の先生が奥さんに凄く親切にしてくれていたので「まさか!?　浮気でもしてるのか？」と私が聞くと「絶対ない。だってあの先生、凄い太ってるから」と言った。

非常にエッジの効いた小話だ。


奥さんに何故私と結婚したかを聞いた。

「ん～なんか楽だから」

深いような浅い言葉である。

ただ長年一緒にいると、褒め言葉にも聞こえてくるのは恐ろしい。

誰が言っていたのか、自分でそう思ったのかは忘れたが「結婚記念日と言うのは1年の夫婦の総決算の日。毎年またプロポーズしてOKを貰えるようでなくてはいけない」。

なので、奥さんが美容室から帰ってくれば毎回必ず「嘘でしょ？　ちょっと待って。今までで1番良いよ！　お願いだから今度デートして」と褒めちぎる。

ただキャンセルして美容室に行ってないのに「超良いじゃん。この髪型もありだね〜」なんて言ってしまい、変な空気になることもある。

また私の大好物を作ってくれれば「絶対に店を出した方が良い」「内緒でどっかで修行してる？」「近所のあの店にこのレシピ教えてあげた方が良い」と褒めちぎる。「あの店にこの味を出せるかなぁ」とたまに乗ってくる。

まぁ、こんなんでは、もう一度プロポーズをしてもOKを貰えるかわからないが、これまで何とか仲良くやってきた（笑）。

これからも楽しくふざけていければなと思っています。


ちなみに奥さんは私の出ている番組やSNSのエゴサも一切チェックしない。

きっとこの本も読まないと思います（笑）。

それで良い。

だから私は今日もフルスイングで下ネタを言うだろう。


そして、2019年3月7日に長男が誕生した。

出産に立ち会うことが出来た。

先生、助産師さんが笑うくらい大きな声で生まれて来てくれた。

初めて「パパ」と呼ばれた日の喜びと、貴景勝を見て「パパ」と言った日のことは忘れない。

人はこんなにも変わるのか？　と言うほど、お酒を飲みに行かなくなった。

暇さえあれば子どもと遊んだ。

私も奥さんも良く喋るから、現在5歳で本当に良く喋る。

最近は寝ている時ぐらいしか、ほっぺにチューをさせてくれないのが悲しい。

名前は発表していないですが、ラジオで「男らしく優しい子に育って欲しい」と言ったら、リスナーが「男らしく」「優しい」で「男優」と、いたずらに名付けられたので、ここでは「男優」と書きます。


本編でもたくさん触れているが両親は離婚しているが同じ地元に住んでいる為、実家に帰り、父親に会いに行く時は母親には、「ちょっとお土産買ってくる」と実家を抜けて、近くの「道の駅」に男優の顔を見せにいく。

私「登美江さん（母親）には内緒だぞ」と男優に言うと「なんで？」と尋ねてきた。

私「パパのパパとママはね、昔ケンカしちゃってね。だから会ってたのを登美江さん（母親）に言うと悲しんじゃうかもしれないから」

男優「そうなんだ。わかった。悲しいね～」

本当にわかっているのだろうか？

男優は私の父親を「ヒロシー」と呼ぶ。（廣なので）

会うなり男優は「ヒロシー。もう登美江さんのこと愛してないの？」と大谷翔平ばりの真っ直ぐなストレートを豪快に投げた。父親は見たことないくらい焦った顔をしながら「あ、いや、え、あ、愛してるよ」と言った。

大爆笑だった。

「ヨシノリお前、何を教えてんだ。勘弁してくれよ」と顔を赤くして笑っていた。

なんかお金では買えないものを見せてもらった。

帰り際、ヒロシーが男優に、お小遣いをくれた。

紙幣を渡された男優は「ケチくさいな～銀色のお金頂戴よ。お願い～」と、また笑いをとった。実家に戻るなり登美江さんに男優は「ヒロシーまだ登美江さんのこと愛してるってよ」と伝えた。それを聞いた登美江さんは「ヒロシー？　誰だ？」と困っていた。

私はまた笑った。

これからも齊藤宅の禁断の扉をガンガン開けて行ってくれるだろう。

いや、そんなに禁断の扉はないけど（笑）。

まぁこんな感じで良く喋る3人で喧しく暮らしております。

締まらないあとがきですが、普段話し慣れていないので、ご勘弁を。

隅々までお読み頂き、恐縮ながら御礼申し上げます。


そして、これまで私と出会ってくれたみなさま、忘れられない体験をくれたみなさま（嫌なヤツもいたけど）、絵をいっぱい描いてくれたGOくん、この本を出すことに多大なる尽力を注いで下さったワニブックス佐田さん、期限を過ぎてばっかりの私のお尻をイバラの鞭でソフトに叩いてくれた小関マネージャー、私の知らないところで頑張って下さっている関係者のみなさま、そして大切な家族、親友、ありがとうございました！

これからも、また忘れられない話を私に下さい。

そして、この本を手にとってくれたあなた！　本当にありがとうございました。


何とか無事に書き終えました！

では、気持ち良さそうにバッカ面で寝ている2人の顔を見に行ってきます。

死んでも忘れられない話
著者　オテンキのり

2025年4月1日 初版発行

装丁　grindhouse
イラスト　オテンキＧＯ

撮影　大江麻貴
衣装　和田千星
ヘアメイク　布野夕貴(吉野事務所)

制作　小関 桂(浅井企画)

編集　佐田英毅(ワニブックス)

発行者　髙橋明男
発行所　株式会社ワニブックス
〒150-8482
東京都渋谷区恵比寿4-4-9えびす大黒ビル
ワニブックスHP　https://www.wani.co.jp/
(お問い合わせはメールにて受け付けております。
HPより「お問い合わせ」へお進みください)
※内容によりましてはお受けできない場合がございます。

印刷所　TOPPNクロレ株式会社
ＤＴＰ　株式会社 三協美術
製本所　ナショナル製本

定価はカバーに表示してあります。
落丁・乱丁本は小社管理部あてにお送りください。
送料小社負担にてお取り替えいたします。
ただし古書店等で購入したものに関してはお取り替えできません。

JASRAC 出 2500803-501

ISBN978-4-8470-7541-4